Frank Ebel
Franziska Gürtler
Peter Morsbach
Sonja Schmid
Bastian Schmidt

Mit Fotografien von Gerald Richter

50 historische Wirtshäuser in Bayerisch-Schwaben

Verlag Friedrich Pustet
Dr. Peter Morsbach Verlag

Bibliografische Information der Deutschen Nationalbibliothek
Die Deutsche Nationalbibliothek verzeichnet diese Publikation
in der Deutschen Nationalbibliografie; detaillierte bibliografische
Daten sind im Internet über http://dnb.dnb.de abrufbar.

ISBN 978-3-37917-2846-9

Satz: Dr. Peter Morsbach Verlag nach einem Entwurf von grafica – Astrid Riege
Einbandmotive: vorne: Die Katzbrui-Mühle in Apfeltrach-Köngetried;
hinten links: Hotel Restaurant Alte Post in Lindau;
hinten rechts: Restaurant Altstaufner Einkehr in Oberstaufen

Druck und Bindung: Friedrich Pustet, Regensburg
Printed in Germany 2016

weitere Publikationen aus unserem Programm finden Sie
auf www.verlag-pustet.de bzw. www.drmorsbachverlag.de
Kontakt und Bestellungen unter verlag@pustet.de

Inhalt

Dr. Peter Fassl, Bezirksheimatpfleger des Bezirks Schwaben

Historische Wirtshäuser in Schwaben

Die Geschichte der Wirtshäuser in Schwaben bildet im Kleinen die Geschichte Schwabens ab. Die ältesten Belege reichen bis ins 11. Jahrhundert zurück; seit dem 13. Jahrhundert sind Wirtshäuser auch auf dem Land belegt. Im 14. Jahrhundert regeln Ordnungen den Ausschank von Getränken, das Angebot von Brot und Fleisch und die Beherbergung von Gästen. Da auf den Getränken indirekte Steuern lagen, war das Interesse der Grundherren an ihren Wirtschaften sehr groß.

Häufig war seit dem Mittelalter mit dem Wirtshaus das Braurecht verbunden. Man kann sagen, jedes Dorf in Schwaben hatte mindestens ein Wirtshaus. Um 1800 besaß Schwaben über 1000 Wirtshäuser mit Braurechten, die höchste Brauereidichte in Bayern. Die Bedeutung des Wirtshauses als gesellschaftlicher, sozialer, wirtschaftlicher und kommunikativer Mittelpunkt des Dorfes und teilweise auch der Stadt spiegelt sich in den vorgestellten historischen Wirtshäusern wider. Die Geschichte der Gebäude und die erste Nennung der Tavernen reichen bis ins Spätmittelalter und das 16. Jahrhundert zurück. Meist sind sie die stattlichsten Gebäude vor Ort, ausgezeichnet durch ihre Größe, die Lage und die äußere Gestaltung. Neben dem Braurecht besaßen sie oft eine Bäckerei, eine Metzgerei, manchmal auch eine Branntweinbrennerei und einen Kramerladen.

Wirtshausidyll in der Altstaufner Einkehr in Oberstaufen

Historische Aufnahme des Personals im Landgasthof Rössle in Stiefenhofen

Der Weinausschank ließ wegen des Klimawandels ab dem 16. Jahrhundert im dörflichen Bereich nach und konzentrierte sich fast ausschließlich auf die Stadt. Der Wein war erheblich teurer als Bier; der einfache Bauer oder Handwerker konnte ihn sich nicht leisten.

Bei allem Wandel über die Jahrhunderte blieb der Standort an zentraler Lage erhalten – sei es ein Platz, die Lage an der Hauptstraße oder an einer Straßenkreuzung. Posthaltereien waren immer mit einem Wirtshaus verbunden und wiesen entsprechend große Stallungen für den Pferdewechsel auf.

Wirtshäuser sind ein Spiegelbild der jeweiligen gesellschaftlichen Verhältnisse. Für die besseren Leute gab es früher eigene Zimmer oder durch Holzwände abgeteilte Tische in der Wirtsstube. Die Zünfte hatten hier ihren Versammlungsort und ihre Herberge. Später kamen die Vereine und die bürgerlichen Gesellschaften. Eigene Tanzsäle sind seit dem 16. Jahrhundert auch im dörflichen Bereich belegt; im 19. Jahrhundert wandelten viele Wirtshäuser ihr Obergeschoss in einen Tanz- und Theatersaal um bzw. erweiterten das Gasthaus.

Die hier vorgestellten Wirtshäuser zeichnen sich durch einen besonders sorgfältigen Umgang mit ihrer eigenen Geschichte aus. Denkmalgeschützte Anwesen wurden sensibel mit neuen Funktionen versehen; bei Umbauten wurden alte Materialien wiederverwendet – ja man findet sogar stilechte komplette Einrichtungen aus dem 19. Jahrhundert bis in die 1960er-Jahre. Mit dieser Sorgfalt ist

Zeitgemäß moderne Einrichtung in altem Gewölbe: das Wallensteinzimmer im Weber am Bach in Memmingen

oft ein hohes Traditionsbewusstsein verbunden, das sich in der Ausstattung der Räume niederschlägt. Portraits der Wirtsleute, Stiche der Landschaft, Ansichten des Anwesens, aber auch freie Werke machen Wirtshäuser zu einem Ort der Kunst.

Häufig finden wir Wirtshäuser über viele Generationen hinweg in der Hand ein und derselben Familie. Dies hatte wirtschaftliche Gründe, da das Wirtshaus in der Regel das teuerste Anwesen im Dorf darstellte und man bei Ehen darauf achtete, wirtschaftlich und sozial adäquat zu heiraten, aber auch ganz praktische Gründe, da zum Betrieb von Wirtshaus und Brauerei eine hohes Fachwissen notwendig war, das innerhalb der Familie weitergegeben wurde. Treffend drückte diesen engen Bezug zwischen Familie und Wirtshaus der Adlerwirt von Nonnenhorn aus: „Das hier ist mein Geburtshaus und das Geburtshaus meines Vaters, das meines Großvaters und der Generationen vorher. Die Gastwirtschaft in diesem Haus ist kein Geschäft, sie ist unser Leben."

Bei allem gesellschaftlichen Wandel entwickeln Wirtshäuser eben dann ihren besonderen Charme, wenn die Atmosphäre stimmt und sie mehr sind als ein Gewerbebetrieb. Besonderen Wert haben die folgenden Wirtshausportraits auf die heutigen Wirtsleute gelegt. Neben alten Familienbetrieben begegnen innovative Köche oder begeisterte Seiteneinsteiger, die ein brachliegendes Haus wiederbelebt haben. Ganz neue Ideen, auch aus fernen Ländern, werden gastronomisch eingebracht. Durchgängig ist die Wertschätzung der regionalen Küchentradition und der regionalen Produkte.

Wirtshäuser können „gute Orte" sein. Die vorliegenden Beispiele zeigen, dass Schwaben viele schöne Plätze der Rast, der Erholung, des fröhlichen Beisammenseins und des guten Essens und Trinkens zu bieten hat.

Links: Weitgehend original erhaltene historische Ausstattung in der Weinstube zum goldenen Löwen in Memmingen

1

Hotel Goldene Gans in Oettingen in Bayern

Das Gasthaus und Hotel zur goldenen Gans steht nicht in der malerischen Oettinger Altstadt mit ihrem von imposanten Fachwerkbauten geprägten, langgestreckten Marktplatz, der heutigen Schloßstraße, deren nördliches Ende das Neue Schloss aus dem 17./18. Jahrhundert bildet, sondern direkt davor, nahe dem Unteren Tor aus dem 14. Jahrhundert. Mit dessen aufragender, durch die Kuppel von 1594 betonter Wehrhaftigkeit bildet die neubarocke, mit einem Eckerker akzentuierte Wirtshausfassade mit ihren beiden hohen Schweifgiebeln ein malerisches Miteinander.

Oettingen, von 1522 bis 1731 Residenz der Herrschaften Oettingen-Oettingen und Oettingen-Wallerstein, entstand seit dem mittleren 13. Jahrhundert neben der ein Vierteljahrtausend älteren Burgsiedlung Adinga. Das Rathaus von 1431 mit den um 1480 aufgesetzten Obergeschossen repräsentiert als einer der prachtvollsten Fachwerkbauten Schwabens die stolze Kommune.

Der helle Gastraum

Die Untere Vorstadt, die sich um die südliche Altstadt legt, ist schon 1242 bekannt und wurde 1422 mit einem Torbau geschützt; ihre größte Ausdehnung erhielt sie bis 1764. Die Goldene Gans ist eines der beiden Gasthäuser der Unteren Vorstadt (heute Königstraße). Hier und in der unweit gelegenen Post fanden auch Reisende ein Quartier, die zu spät dran waren und daher nicht mehr durch das verschlossene Tor in die Stadt kamen. Die anderen repräsentativen Gasthäuser – die Krone von 1494 mit ihrer prachtvollen Fachwerkfassade und der Goldene Ochse aus der zweiten Hälfte des 17. Jahrhunderts – stehen direkt hinter dem Tor und neben dem Rathaus. Die Vorstadt ist etwas niedriger gebaut, aber nicht weniger elegant als der Marktplatz, doch das merkt man der Goldenen Gans mit ihrem Steildach nicht gleich an.

Während sich die Besitzer des Anwesens bis 1422 zurückverfolgen lassen, ist der „Ganswirt“ namentlich erstmals 1727 nachweisbar; damals dürfte das Wirtshaus Namen und Schild erhalten haben. 1912 entstand das Hotel, zwei Jahre bevor der aus der Schweiz zugewanderte Robert Müller den Ganswirt übernahm, nachdem seine Pläne eines Wirtshauses in Wolfratshausen gescheitert waren. Damals diente das Anwesen, das sich noch im Familienbesitz befindet, als Molkerei. 1930 wurde im Hinterhof das wenn auch inzwischen verkleinerte Kino eingerichtet, ebenfalls von der Familie betrieben. 1905 wurde das im 18. Jahrhundert erneuerte Haus nach einem Brand in den Formen des Neubarocks wiederaufgebaut, dreigeschossig, mit zwei parallelen, lang gestreckten Flügel, die durch einen Zwischenbau mit der Durchfahrt verbunden sind. Auch diesen akzentuiert ein flacher Erker. Im breiten linken Flügel befinden sich Wirtshaus und Hotel, im schmalen Seitenflügel ehemalige Gästezimmer; im Hof dahinter gibt es den Kinobau, den kleinen Biergarten. Natürlich fehlt nicht die Kegelbahn, 1965 gebaut und jüngst erneuert. Der rückwärtige tiefe Hof entstand durch den Abbruch der dort stehenden Wirtschaftsgebäude.

Die Goldene Gans wurde 1905 in neubarocken Formen wiedererrichtet

In der Einfahrt führt der Eingang zunächst in die leicht dekadente Hotellobby, die von einer großen dreiarmigen Podesttreppe mit bauzeitlichen schmiedeeisernen Geländern und flachen Stabbalustern geprägt wird. Der einzigartige Gastraum, hakenförmig im Grundriss, entzückt den Retro-Fan. Es ist eine Ausstattung von 1959, vorzüglich erhalten und bestens gepflegt: vom bunten Linoleumfußboden, den hölzernen Wandverkleidungen und -schränken mit der eingebauten Telefonzelle, der Theke, der umlaufenden Sitzbank mit ihrem farbigen Streifenornament, über Resopal-Tische mit den dazugehörigen Stühlen bis zur elegant geschwungenen abgehängten Felderdecke, alles ins Licht getaucht, das durch die großen sogenannten Thermenfenster – zwei Pfeiler stützen den Fensterbogen – hereinströmt. In ihrer Art stellt diese Wirtsstube etwas so Seltenes dar, dass ihre Ausstattung in die Denkmalliste aufgenommen ist. Ein besonderes Schmuckstück ist die alte Jukebox, eine AMI 200, die seit über 50 Jahren ihren Dienst tut. Sammlerstücke aus dem Haus bzw. aus dem Kino runden das Bild ab, seien es der Kaugummiautomat, der alte Billettkasten mit den Abreißkarten, seien es alte Kinostühle. Ein historisches Schild weist auf die Periode als Molkerei hin.

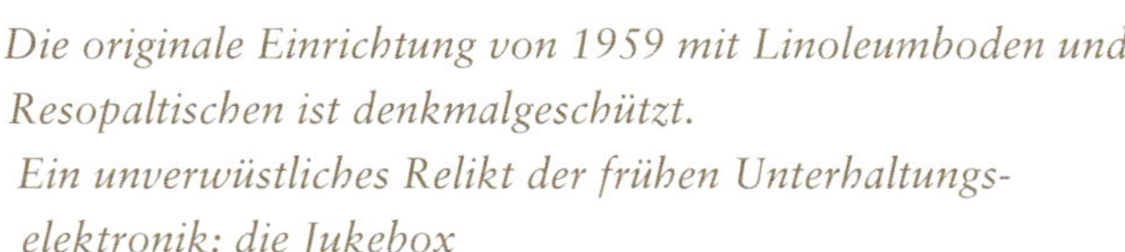

Die originale Einrichtung von 1959 mit Linoleumboden und Resopaltischen ist denkmalgeschützt.

Ein unverwüstliches Relikt der frühen Unterhaltungselektronik: die Jukebox

Das Schild der Goldenen Gans vor dem Turm des Unteren Tores

Zu einem Gasthaus des frühen 20. Jahrhunderts gehört immer ein Tanz- und Festsaal. Hier bildet er einen großen Riegel auf der Rückseite des Hauses mit der Verbindung zum Kino: ein imposanter, hundert Personen fassender Saal, dessen Decke durch Unterzüge in drei Felder geteilt wird, die beiden Schmalseiten beleuchtet, die Langseiten mit üppigen bauzeitlichen Tapeten, der alte Bretterfußboden in die Jahre gekommen, doch immer noch tauglich und behaglich.

Mit Silvan Hertle – im einen Berufsleben in einer Behindertenwerkstatt tätig, im anderen Teilzeitwirt – übernahm 2015 die fünfte Generation das Haus, freilich mit kräftiger Unterstützung von Mutter Daniela und Tante Diana, die beide für die Küche zuständig sind. Hierbei versteht es sich, dass traditionell und auch deftig gekocht wird und das Fleisch von einer örtlichen Metzgerei stammt. Die Küchenchefinnen setzen auf gutbürgerliche Küche (an Kirchweih gibt es eine besondere Speisekarte), doch es ist das Anliegen des Wirtes, dem Haus durch einen Eventbetrieb mit Hochzeiten, Geburtstagen, mit dem Eventkino zum Beispiel unter dem Motto „Film + Essen“ das langfristige Überleben zu sichern, denn „Oettingen ist recht ruhig. Wir liegen halt leider nicht an der Romantischen Straße“.

Neben treuen Stammgästen, die zum Teil seit 40 Jahren hierher reisen, sind es Pilger des Jakobswegs und hauptsächlich die Radltouristen auf dem viel befahrenen Wörnitz-Radweg, doch Urlauber, die längere Zeit hier blieben, gibt es fast gar nicht. Die Gans war früher das gastronomische Zentrum von Oettingen, erinnert sich Großvater Helmut Hertle. „Da war das Wirtshaus Tag und Nacht geöffnet, gab's viele Vereine und Stammtische, von Freitag bis Sonntag hascht hier koin Tisch kriagt.“

Das elegante alte Hotelschild fristet ein verlorenes Dasein im Hinterhof – an seinem alten Platz wieder angebracht, wäre es ein Schmuckstück und eine schöne Ergänzung zum Wirtshausausleger mit der glänzenden goldenen Gans.

Hotel Goldene Gans

Königstraße 5
86732 Oettingen i. Bay.

Telefon: 09082 / 2410

www.hotel-goldene-gans.de

Öffnungszeiten:
Dienstag, Freitag–Sonntag
ab 17:00 Uhr
Warme Küche ab 19:00 Uhr
Ruhetage:
Montag, Mittwoch

2

Gasthaus zur Klosterschenke in Maihingen

Die Gemeinde Maihingen liegt am nördlichen Rande des Nördlinger Rieses, jenes gewaltigen, rund 14,6 Millionen Jahre alten Meteoriteneinschlagskraters. Schon die Römer siedelten hier, und daher geht die Bezeichnung „Ries" auch auf das lateinische „Raetia" zurück, die römische Provinz also, zu der dieser Landstrich gehörte. Fundstücke am südlichen Ortsrand deuten darauf hin, dass auch das Maihinger Gebiet bereits von den Römern erschlossen worden war. Urkundlich erwähnt wird die Ortschaft erstmals 1251.

Bekannt und vor allem touristisch interessant ist der 1200-Seelen-Ort wegen des Klosters, das 1437 von Johann dem Ernsthaften, Graf von Oettingen, gegründet wurde. 1473 kam es an den Birgittenorden und wurde 1607 von den Minoriten neu besetzt. Im Zuge der Säkularisation ging das Kloster Maihingen 1802 an das Haus Oettingen-Wallerstein; die Minoriten durften allerdings bleiben. 1946 wurde der Caritasverband neuer Eigentümer und 1984 richtete man dort das Katholische Evangelisationszentrum Maihingen ein. Träger des Klosters ist heute die Gemeinschaft Lumen Christi e.V., eine vom Bischof von Augsburg anerkannte geistliche Gemeinschaft.

Sehenswert ist insbesondere die reich ausgestattete barocke Klosterkirche Maria Immaculata, die ab 1712 von Kajetan Kegelsperger und Kaspar Buchmüller nach dem sog. Vorarlberger Münsterschema als tonnengewölbte Wandpfeilerkirche mit seitlichen Kapellen und Emporen, Querhaus und Chor neu errichtet wurde. Die von dem Eichstätter Johann Martin Baumeister 1734–37 geschaffene Orgel wurde nach der Säkularisation kaum mehr gespielt und nie repariert, weil der Orgelbauer „vergessen" hatte, einen Zugang in das Gehäuse einzubauen. So hat sich das 1988–90 restaurierte Instrument samt seiner barocken Intonation in einem nahezu bauzeitlichen Zustand erhalten.

In zwei Gebäuden der Klosteranlage, der ehemaligen Klosterökonomie und der ehemaligen Brauerei, ist das Museum KulturLand Ries (ehemals Rieser Bauernmuseum Maihingen) untergebracht. Hauptaugenmerk des Museums ist das Alltagsleben der Rieser Landbevölkerung im Laufe der letzten 300 Jahre. In den barrierefrei ausgebauten Räumlichkeiten warten verschiedene Dauerausstellungen und wechselnde Sonderausstellung auf interessierte Besucher. Ein museumspädagogisches Programm und zahlreiche Veranstaltungen während der Saison runden das abwechslungsreiche, anschauliche Angebot ab.

Nach erfolgreicher Besichtigung all der Sehenswürdigkeiten plagt den geneigten Ausflügler freilich der Hunger. Und wo könnte man besser einkehren als in der Klosterschenke unmittelbar neben der imposanten Barockanlage? Das Gasthaus gehörte einst zum Besitz des Fürsten von Wallerstein. Nach dem Zweiten Weltkrieg wurde der gesamte Grund in sieben Höfe aufgeteilt, die an Privatleute verkauft

Die Schenke im Gewölbe des ehemaligen Pferdestalls

Wappen der Grafen von Öttingen-Wallerstein an der Außenwand

wurden. Georg Steinhebers Großeltern bekamen den Zuschlag für das Hofgut mit Schenke, und seither ist es im Besitz der Familie, die nach wie vor das althergebrachte Gasthaus betreibt.

Äußerlich hat sich allerdings einiges verändert. Die ursprüngliche Gaststätte steht nicht mehr. Stattdessen bauten Hildegard und Georg Steinheber im Jahr 1975 den alten Pferdestall zur neuen Schenke um. Rund 80 Gäste haben nun unter dem Gewölbe auf der umlaufenden Bank und der Holzbestuhlung Platz. Mit den alten landwirtschaftlichen Gerätschaften an den Wänden ergänzt die Stube das Konzept des benachbarten Bauernmuseums. 1994 folgte der Anbau des großen Festsaals nach hinten, um die notwendigen Kapazitäten für Busgruppen, Hochzeiten und Gemeindeveranstaltungen zu schaffen. Bis zu 300 Gäste können hier feiern, und alljährlich zum Maihinger Faschingsball oder zur Kirchweih ist die Bude schnell rappelvoll.

Hildegard Steinheber hat dabei alle Hände voll zu tun. Hinter der Theke zapft sie Bier, in der Küche besorgt sie zusammen mit dem Juniorchef die Verköstigung der hungrigen Besucher und in der Stube ist sie aufmerksame Ansprechpartnerin für ihre Gäste aus dem Ort, aus Deutschland und der Welt. Ihre gutbürgerliche Küche, vor allem die Hausmacherwurstplatte und die typisch bayerisch-schwäbischen Gerichte wie Zwiebelrostbraten mit Kroketten und saftiger Schweinebraten mit Spätzle, kommt stets gut an.

Wenn es das Wetter erlaubt, zieht es alle in den Biergarten vor dem langgestreckten, weißen Satteldachbau mit Kranbalken und Aufzugsöffnung. Hier gibt es auch für Kinder kurzweiligen Zeitvertreib mit Schaukel, Rutsche und Spielhäuschen. Herrlich sitzt man unter den beiden schattenspendenden Linden mit idyllischem Blick auf die Klosterkirche und die umgebenden Höfe und fühlt sich ganz in der dörflichen Gemeinschaft angekommen.

Gasthaus zur Klosterschenke

Klosterhof 6
86747 Maihingen

Telefon: 09087 / 319

www.gasthaus-klosterschenke.de

Öffnungszeiten:
Mittwoch–Montag
10:00–20:30 Uhr durchgehend
14:00–17:30 Uhr kleine Brotzeitkarte
Ruhetag: Dienstag

3

Kaiserhof Hotel Sonne in Nördlingen

Wir schreiben das Jahr 1970. Vier Astronauten des Apollo-Mondfahrtprogramms, Eugene Cernan, Edgar Mitchell, Alan Shepard und Joe Henry Engle, sitzen im Nebenraum einer Gastwirtschaft in Nördlingen zusammen. Im Ries, dem nahezu kreisrunden Meteoriteneinschlagskrater, in dem die Stadt liegt, führen sie geologische Trainingseinheiten und Tests für die bevorstehende Apollo-14-Mission durch. Jetzt allerdings sitzen sie ausgelassen und jeder mit einem Weißbierglas in der Hand in der Kaiser-Karl-Stube im Hotel Sonne am Nördlinger Marktplatz und genießen begeistert die schwäbische Gastfreundschaft samt Speis' und Trank. „Wir haben bisher viel gelernt. Nicht nur über mögliches Mondgestein, sondern auch über bayerisches Bier. Donnerwetter, ist das gut", wird Shepard von der Lokalpresse zitiert.

Solche und viele andere Anekdoten zählen zur Geschichte des Kaiserhofs in Nördlingen. Nicht umsonst wird er so genannt, denn außer den berühmten Raumfahrern stiegen in den vergangenen Jahrhunderten viele Persönlichkeiten von Adel – des Standes und des Geistes – in der Traditionsherberge ab. Die Kaiser Friedrich III., Karl V. und Maximilian I. sind darunter, Johann Wolfgang von Goethe und andere mehr. Links der Freitreppe hinauf zum Eingang ziert das Motto des Hauses die Außenwand: „Hier war der Kaiser Gast, hier ist der Gast König." Seit Jahrzehnten ist es das tägliche Geschäft der Wirtsleute und ihres Teams, diesem Versprechen gerecht zu werden.

Eine intime Nische im historischen Gemäuer des Weinstäpfles

Mitten im Stadtzentrum befindet sich die Herbergsstätte, unübersehbar am Marktplatz zwischen dem Rathaus und der gotischen St.-Georgs-Kirche, deren Turm, der „Daniel“, das Wahrzeichen der Stadt und markantes Landschaftsmerkmal im Ries ist. Belebt ist es hier, Touristengruppen ziehen vorbei, Einheimische besorgen Erledigungen, Gewerbetreibende preisen ihre Waren in den Auslagen an, die Freisitzflächen der Gastronomen ringsum sind gut besetzt. Auch vor dem Hotel Sonne lädt ein üppig umgrünter Biergarten dazu ein, Rast zu machen und das geschäftige Treiben zu beobachten. Bis ins 13. Jahrhundert reicht die Substanz des markanten Walmdachbaus mit Zwerchgiebel und vorkragendem Obergeschoss zurück. Seit 1405 schon beherbergt er Reisende und Besucher der ehemaligen freien Reichsstadt. Den Hausnamen „Kaiserhof“ trägt das Anwesen, seit Maximilian I. 1496 einen Reichstag in Nördlingen abhielt und hier Quartier nahm. Die heutige bauliche Aufteilung im Inneren geht zurück auf eine grundlegende Renovierung im Jahr 1785 durch Johann Sophanias Brechenmacher. 1990/91 wurde das Haus unter dem Namen Kaiserhof Hotel Sonne nach erneuter umfangreicher Renovierung wiedereröffnet.

Professionell und mit Gespür fürs Detail ging man bei der Konzeption der Räumlichkeiten vor. Die überaus stimmige Ausstattung setzt sich von Stube zu Stube fort. Herzstück ist die Wirtsstube linker Hand des Eingangs. Um einen mächtigen alten Wamsler-Herd von 1905 in der Raummitte gruppieren sich einladende Sitzgelegenheiten für bis zu 65 Gäste in ländlich-romantischer Ausführung. Bis 1989 wurde auf dem Herd noch gekocht. Mittlerweile dient er als nostalgischer Blickfang und Buffet, mal für das Frühstück, mal für Salate, mal für Kuchen und im Alltag für die feine Spirituosenauswahl samt bayerischem Single Malt Whiskey und Hochmoorgeist. Die dekorative Ausstattung der Stube ist enorm: Bilder und Gemälde an den Wänden, Töpfe, Flaschen, Geschirr, Bügeleisen, Krüge aus Zinn und Ton und unzählige adrett herausgeputzte Puppen bilden eine eindrucksvolle Sammlung, in deren Betrachtung man getrost für einige Minuten versinken kann. Trotz der Fülle ist alles aufgeräumt und sauber, jedes Detail hat seinen Platz. Reger Besucherzustrom belebt die verspielte Kulisse.

Ein historischer Herd sorgt für nostalgisches Flair in der Wirtsstube

Die reichliche Dekoration bietet kurzweilige Unterhaltung

Rechter Hand des Eingangs wartet die Kaiser-Karl-Stube mit etwas vornehmerem Ambiente auf. Stuckelemente an der Decke, ein edler Kristalllüster und barock anmutende Staffage bilden den passenden Rahmen für Gesellschaften mit bis zu 28 Gästen. Besonders augenfällig sind die ausgestellten Trachtenhauben, die die traditionelle regionale Garderobe repräsentieren.

In der Maximilianstube im hinteren Teil des Anwesens setzt sich der rustikal romantische Stil der Wirtsstube ungebrochen fort. Akkurat aufgereihte Puppen, allerhand Nützliches von früher sowie Gemälde, unter anderem von Georg Bickel (1862–1924), dem Malerpfarrer von Mönchsroth, bestimmen das Gepräge des Frühstücks- und Veranstaltungsraums.

Schließlich bleibt noch das Weinstäpfele im Untergeschoss des Kaiserhofs zu erwähnen. Für alle Neigschmeckten: „Stäpfele" ist die schwäbische Verniedlichungsform von „Stapfen". Gemeint sind also die Stufen, die in den Keller hinabführen. In dem verwinkelten Backsteingewölbe des historischen Weinkellers ist Platz für bis zu 75 Gäste. Nach einer anstrengenden Besichtigungstour ist hier genau der richtige Ort, um bei einem Glas Wein, einem Bier oder einem exotischen Cocktail den Tag ausklingen zu lassen. Auch Bier- und Weinproben finden hier statt, und bei der „Stadtführung im Sitzen" erlebt man Nördlingen mit filmischer Untermalung direkt in seinem Inneren. Dass das entsprechende Einrichtungskonzept auch hier fortgeführt wird, versteht sich von selbst.

Auch kulinarisch bleibt das Hotel Sonne der Region treu. Serviert werden herzhafte bayerisch-schwäbische Spezialitäten, ergänzt von fränkischen Schmankerln und saftigen Steaks aus der Angusmanufaktur. Besonders das „Rieser Leckerle" (Schweinemedaillons in Champignonrahm mit Spätzle), das resche Schäufele mit luftigen Kartoffelknödeln und die Wirtshausplatte, die fränkische Bratwurst mit schwäbischen Maultaschen und den begehrten Krautschupfnudeln vereint, stehen bei den Gästen hoch im Kurs. Saisonal ausgerichtete Leckereien runden das Angebot ab. Kein Wunder also, dass sich nicht nur Blaublütige und Astronauten im Kaiserhof wohlfühlen. Das Hotel Sonne gehört eben zu Nördlingen wia dr Käs' zo de Schbäddzla.

Kaiserhof Hotel Sonne

Marktplatz 3
86720 Nördlingen

Telefon: 09081 / 5067

www.kaiserhof-hotel-sonne.de

Öffnungszeiten:
Dienstag–Freitag
17:30–22:00 Uhr
Samstag 11:00–14:30 Uhr und
17:30–22:00 Uhr
Sonntag 11:00–21:00 Uhr
Ruhetag
Oktober–April: Montag
Mai–September: kein Ruhetag

4

Gasthaus Roter Ochse in Nördlingen

Es ist heute nicht unbedingt die große touristische Lauflage, aber ein alter und wichtiger Weg, der vom Baldinger Tor im Nordwesten der Nördlinger Altstadt in einem Bogen nach Südosten und sich dann verschmälernd nach Süden zum Marktplatz führt. Die frühere Bedeutung der Baldinger Straße zeigt sich an der imposanten Reihung alter Gasthäuser in den Häusern Nr. 7, 10, 17, 19, 27 und 44.

Wo sich die Straße nahe dem „Klösterle“ genannten ehemaligen Franziskanerkloster zu einem kleinen Platz weitet, steht als Wächter über die Geschichte dieser Stadt der alte Gasthof Roter Ochse. 1681 wurde er um das zweite Obergeschoss erhöht und teilunterkellert. 1746 ließ die Wirtsfamilie Beyschlag-Sönnig den Schweifgiebel aufsetzen. Dahinter jedoch verbirgt sich das älteste Haus der Stadt, im Kern um 1273 entstanden, also knapp 35 Jahre nach dem großen Stadtbrand von 1238. Möglicherweise war dieses Feuer der Grund, warum der Neubau in Stein aufgeführt wurde. Das Haus ist dreigeschossig, mit sechs und sieben Fenstern zur Straße, wo man an den Ladeöffnungen heute noch ablesen kann, dass die vier Dachgeschosse als Lagerräume dienten; an der rückwärtigen Giebelfront wird dem wissenden Auge die frühe Geschichte des einzigen Nördlinger Hauses aus dem 13. Jahrhundert noch eindringlicher präsentiert durch das bauzeitliche Quadermauerwerk mit einer gotischen Spitzbogentür. 1545 ist im Haus bereits eine Weißbierbrauerei belegt, das Gasthaus zum Roten Ochsen seit 1634.

Das Haus betreten wir durch die um 1800 entstandene Tür in einen Mittelflur. Ein 1681 bezeichnetes Portal, über dem sich alte Balkenunterzüge spannen, führt in die Gewölbekellerräume, die heute als Kühl- und Lagerräume dienen. Und schon dort werden wir mit den kulinarischen Köstlichkeiten des Hauses konfrontiert. Die anderen Schätze des Hauses – wie die Bohlenwände und die Kassettendecke aus dem 17. Jahrhundert im zweiten Obergeschoss – befinden sich in Privatbesitz und sind nicht zugänglich.

Beiderseits des Flures gelegen, sind Gaststube und Nebenzimmer unspektakulär, doch die dort in stiller Verzückung essenden Gäste verweisen auf die Stärke des Hauses, nämlich die überragende Qualität des Essens. Garant dafür ist der Wirt und Pächter Erich Stelzig. Wie soll man ihn, den gelernten Schreiner, beschreiben? Knorrig? Knurrig? Bärbeißig? Als einen, bei dem man sich unbeliebt macht, wenn man mit dem modischen „Hallo“ anstatt einem „Grüß Gott“ hereinkommt, wie er es in der Speisekarte selbst ankündigt? Mitnichten! Er ist ein liebenswerter Wirt mit Leib und Seele, ein Überzeugungstäter, einer, dem so manche EU-Vorschrift die Zornesröte ins Gesicht treibt, einer, der von höchsten Ansprüchen an das erfüllt ist, was er seinen Gästen vorsetzt.

„Ursprüngliche Rieser Küche pur: Schnörkellos einfach. Kompromisslos gut“, heißt es auf der Speisekarte. Fast alles kommt aus eigener Herstellung und Produktion: Eier, Speck, Schinken von Ziege und Eichelschwein, Salami von Wildschwein und Lamm, die Forellen, die Gockel, Gänse und Enten aus eigener Haltung, ja sogar der Apfelsaft und der Käse stammen aus der Region. Ihm kommt nur Fleisch auf den Tisch, das von Tieren stammt, von deren artgerechter Haltung er sich überzeugt hat, die auf Stroh gehalten wurden und nie ein Gramm Soja fressen mussten. Für die Kartoffeln hat er nur noch einen einzigen Lieferanten, „der noch gescheite Kartoffeln produziert“. Seine Obstbrände sind bis zu 40 Jahre alt. Erich Stelzig ist Partner von „Geopark Ries kulinarisch“.

Während der Vater in der Küche seine üppigen Essensportionen zubereitet, bedient sein Sohn – ein studierter Jurist – die Gäste, plaudert mit den Italienern italienisch, parliert mit den Franzosen französisch und schwätzt mit uns schwäbisch mit deutlich

Portal von 1681 zu den Keller- und Lagerräumen

Hier harrt das Selbstgeräucherte auf die hungrigen Gäste

altbayerischem Einschlag – das alles gleichzeitig, polyglott, humorvoll.

Eigentlich haben wir es uns zum Prinzip gemacht, keine kulinarischen Urteile abzugeben, aber hier machen wir eine Ausnahme. Die Rote-Ochsen-Platte, selbst von einem sehr hungrigen Gast allein nicht zu bewältigen, ist vom Feinsten: Salami und Schinken der verschiedensten Sorten, feine und grobe Leberwurst, frisches Bauernbrot. Freilich, kalorienarm geht anders, aber man darf ja auch mal sündigen. Im Geschmack zeigt sich halt die Qualität.

Die Speisekarte ist ebenso üppig wie die Portionen, bietet jedem etwas, auch solchen Gästen, die kein Fleisch essen. Im Gästebuch stehen Bettelleute und gekrönte Häupter, Standesunterschiede lässt der Wirt nicht gelten, wie sich das für ein altes Wirtshaus gehört – hier gibt es nur ihn und seine gehorsamen, aber zufriedenen Gäste.

GEOPARK RIES KULINARISCH

Der 2007 ins Leben gerufene „Geopark Ries kulinarisch“ hat sich zum Ziel gesetzt, gegen die Verarmung der regionalen Küche zu kämpfen, die durch die Verwendung „herdnah“ gewachsener Produkte wieder erkennbar werden und ihre unverwechselbare Identität behalten oder wieder erlangen soll. Der Ehrenkodex verpflichtet die teilnehmenden Partner zu artgerechter Tierhaltung und natürlicher Aufzucht, zu ausschließlich handwerklicher Erzeugung, zu umweltverträglicher Prodution und Vermarktung naturbelassener heimischer Produkte, zu gemeinsamer Fortbildung mit regelmäßigem Erfahrungsaustausch, zu Kauf und Verwendung regionaler Produkte, die gemeinsam geschützt und erhalten werden, sowie zum Verzicht auf jegliche Fertigprodukte und Geschmacksverstärker. Der Erfolg gibt dem Konzept recht.

Gasthaus Roter Ochse

Baldinger Straße 17
86720 Nördlingen

Telefon: 09081 / 3484

www.roter-ochse-noerdlingen.de

Öffnungszeiten:
Montag–Sonntag
11:30–24:00 Uhr

Sixenbräu Stüble in Nördlingen

Bereits seit dem Ende des 19. Jahrhunderts ist Nördlingen im schwäbischen Landkreis Donau-Ries beliebtes Ausflugs- und Touristenziel. Reisegruppen aus den USA, Großbritannien oder Asien gehören heute genauso selbstverständlich zum Stadtbild wie der Daniel, der 90 Meter hohe Turm der ev.-luth. Pfarrkirche St. Georg. Zu sehen gibt es einiges in der ehemaligen Reichsstadt. Der nahezu kreisrunde Ring der Stadtmauer aus dem 14. bis 17. Jahrhundert mit Wehrgang, fünf Toren und 16 Türmen ist bestens erhalten. Architektur des späten Mittelalters und der frühen Neuzeit, vereinzelt auch aus dem 18. und 19. Jahrhundert, prägt das historische Stadtbild, vor allem: nicht für die Touristen herausgeputzt, sondern für die Bewohner saniert.

Alle drei Jahre scheint die Stadt mitsamt ihren Bewohnern tatsächlich um einige hundert Jahre in die Vergangenheit zurückversetzt: Beim historischen Stadtmauerfest werden die vom Fachwerk geprägten Straßen und Plätze von allerhand mittelalterlichen Gesellen bevölkert, die mit Markt, Gauklereien, Reiterspielen, Musik und Handwerk für ein rechtes Spektakel sorgen.

Nicht weit von der Stadtmauer entfernt, kurz vor dem Bergertor im Nordwesten der Altstadt, kehren wir bei Nicole

Schleehuber im Sixenbräu Stüble ein. Das schmucke Gebäude mit fein geschwungenem Wellengiebel, zartgelber Fassade und grünen Fensterläden stammt aus dem späten 16. Jahrhundert. Schon 1545 ist an dieser Stelle eine Brauerei, die Braunbierbrauerei Kamel von Georg Meyer, verzeichnet. Diese wurde 1597 von Adam Rehlen übernommen, auf dessen Sohn Sixt(us) die bis heute erhaltene Bezeichnung Sixenbräu zurückgeht. Bis 1787 blieb sie im Besitz der Familie. Nach ihr folgten die Eigentümer David Kraus von Aalen und Familie Ostertag. 1857 ehelichte Georg Beyschlag aus der Brauerei zum Goldenen Rad in Nördlingen die Erbin der Sixenbräu, Margarete Ostertag. 1990 wurde die Brauerei stillgelegt. Besitzer der Gastwirtschaft ist heute die Firma „Sixen Gebrüder Beyschlag GmbH“. Nach wie vor ist sie lebendiger Anlaufpunkt für Nördlinger und Gäste von außerhalb.

Wirtin der Traditionsgaststätte ist Nicole Schleehuber. Ab 2008 war die gelernte Bäckerin und Konditorin bereits als Mädchen für alles im Lokal angestellt. Als ihr damaliger Chef 2014 ein Angebot der Stadt Mertingen bekam, nutzte sie die plötzliche Bedrohung des Arbeitsplatzes als Chance und wagte sich in die Selbständigkeit. Nun führt sie selbst das Regiment im Sixenbräu Stüble und hat damit nicht nur ihren und die Jobs der Angestellten erhalten, sondern auch das Wirtshaus vor der Schließung bewahrt.

Das Küchenteam ist zum Teil noch das gleiche, die Wünsche der Gäste sind also bereits bekannt. Bei Erneuerungen in den Stuben ging Nicole Schleehuber ganz behutsam vor. Im Großen und Ganzen ist alles beim Alten geblieben, versehen mit einer persönlichen Note. Linker Hand des Eingangs gibt es ein kleines, modern eingerichtetes Nebenzimmer für kleinere Gesellschaften. In der Stube und dem daran anschließenden Nebenraum rechts des Eingangs lebt der Charme gutbürgerlicher Gastlichkeit. Hier ist Platz für rund 100 Gäste. Die nahezu schwarze, kassettierte Holzvertäfelung aus dem frühen 19. Jahrhundert und schlichter Eichenboden prägen das Gesicht der Stuben. Die alten Tische wurden lediglich abgebeizt und tun nach wie vor ihren Dienst. Eine umlaufende Bank,

Oben: Die historische Holzvertäfelung des Gastraums stammt aus dem frühen 19. Jahrhundert.
Links: Die Fassade der ehemaligen Brauerei aus dem 16. Jahrhundert mit den Ladeöffnungen in den oberen Geschossen

Die Lampen erinnern an die Tradition der Brauerei

qualitätsvolle Bestuhlung und die charakteristischen Lampen komplettieren das Bild. Der grüne Kachelofen in der Wand zwischen Haupt- und Nebenstube wärmt im Winter das ganze Lokal, früher mit Holz, heute mit Gas. Blickfang im Nebenzimmer sind vor allem die Butzenglasfenster, in die kunstfertig das Bayern-, das Nördlinger und das Beyschlag-Wappen eingearbeitet sind.

Hinter der kleinen dunklen Schanktheke fühlt sich die Wirtin sichtlich wohl. Von dort aus hat sie stets ihre Gäste und deren Anliegen im Blick. Der freundliche Kontakt zwischen den Menschen genießt im Sixenbräu Stüble einen ganz besonders hohen Stellenwert. Wer hier einkehrt, soll nicht nur hinsichtlich Speis' und Trank auf seine Kosten kommen, sondern auch zwischenmenschlich. Nicht umsonst zählen neben Nördlingern und Touristen auch Gäste aus dem weiteren Umkreis, Aalen, Dillingen und Schwäbisch Gmünd, zur Stammkundschaft der ehemaligen Brauereigaststätte. Ausreichend Parkplätze sind vorhanden.

Vor allem die freie Wahl der Beilagen zu den vielfältigen, regional ausgerichteten Hauptspeisen schätzt man am Konzept der Wirtschaft. Ob man das deftige Cordon bleu, das zarte Schweinefilet, den saftigen Zwiebelrostbraten oder den herzhaften bayerischen Schweinsbraten nun lieber mit Pommes, Bratkartoffeln, Spätzle, Knödel, Rösti oder Gemüse genießt, bleibt jedem selbst überlassen. Die feste Speisekarte wird von saisonalen Gerichten und zur Sommerszeit von verschiedenen Brotzeiten ergänzt. Wechselnde Tagesgerichte gibt es nur, solange der Vorrat reicht. Für Kinder unter drei Jahren gehen Spätzle oder Pommes außerdem aufs Haus.

Wie nun schon seit fast 500 Jahren steht das Sixenbräu Stüble auch heute noch für aufgeschlossene Gastfreundschaft nach traditioneller Manier in Nördlingen. Mit Nicole Schleehuber hat das alteingesessene Wirtshaus eine junge, engagierte Wirtin bekommen, die mit viel Elan und Charme diesen Brauch zeitgemäß fortführt.

Sixenbräu Stüble

Bergerstraße 17
86720 Nördlingen

Telefon: 09081 / 3101

www.sixenbraeustueble.de

Öffnungszeiten:
Dienstag–Freitag
ab 17:00 Uhr
Samstag, Sonn- und Feiertage
11:00–14:00 Uhr
und ab 17:00 Uhr
Ruhetag:
Montag

6

Gasthof & Pension zur Wallfahrt in Wemding

Das schwäbische Wemding, bekannt als Fuchsienstadt und anerkannter Erholungsort, liegt am östlichen Rand des Geoparks Ries, dem großen urzeitlichen Meteoritenkrater von 25 Kilometern Durchmesser. Die ganze von einer früheren Stadtmauer – heute Parkanlage – beinahe kreisrund eingefasste Altstadt ist einen Ausflug wert; wir hingegen besuchen nur den Gasthof zur Wallfahrt, wenige Gehminuten außerhalb des Altortes. Er entstand im Jahr 1760 während des Neubaus der großen Wallfahrtskirche Maria Brünnlein und diente als Gasthof und Landwirtschaft zur Kirche. Seither ist er durchgehend bewirtschaftet – der klassische Fall von „Kirche und Wirtshaus"! Wallfahrer, Reisende und Mitglieder der nahen Pfarrei ließen und lassen sich hier Speis' und Trank nach dem Gottesdienst schmecken. Eine vollständige Liste der Wallfahrtswirte ist in der Gaststätte auf einer großen Tafel verzeichnet – vom ersten Kirchenwirt Joseph Gehrer 1760 bis heute. Seit 1928 sind die Familien der jetzigen Besitzer Ritter und Trollmann verantwortlich, mittlerweile in der vierten Generation: Alexander Trollmann führt mit seinem Vater Paul Küche und Gasthof.

Der schlichte zweigeschossige Walmdachbau ist an den Ecken mit freiliegenden Quadersteinen verziert, den einzigen äußeren Schmuck bildet die Eingangstüre, die von zwei Wandpilastern mit einem Obeliskenaufsatz umrahmt wird. Während Küche und Gasträume im Erdgeschoss untergebracht waren, befand sich früher unter anderem die Wirtswohnung im Obergeschoss. Heute ist das Gebäude an zwei Seiten durch Anbauten stark erweitert – die Wallfahrts-Gastronomie verlangt nach weiteren Sälen, Gästezimmern und einem Biergarten hinter dem Haus. Blickfang in der seit dem Jahr 2000 grundlegend renovierten Gaststube ist der an drei Seiten frei stehende Kachelofen, in dessen blauen Kacheln Motive der Wallfahrt eingearbeitet sind. In den großen, zentral gelegenen Stammtisch ist eine Marmorplatte eingelassen, die jedem noch so stark „gedroschenen" Kartenspiel widersteht. Denn nicht nur die Wallfahrer bevölkern heute den Gasthof zur Wallfahrt, nein, auch die ortsansässigen Stammtische und Vereine wie Trachtler, Fischer und Jagdhornbläser sind regelmäßige Gäste im Wirtshaus. Der Biergarten unter Kastanienbäumen wird am Wochenende zum beliebten Ausflugsziel. Hier darf man nach bayerischer Tradition seine Brotzeit noch selbst mitbringen oder kann sich am Selbstbedienungskiosk ohne Wartezeit versorgen.

Kulinarisch orientieren sich der mittlerweile 18. „Wallfahrtswirt" Paul Trollmann und sein Sohn Alexander vornehmlich an hiesigen Produkten. In der Karte ist jedes Gericht, das ausschließlich mit regionalem Fleisch, Kartoffeln und Gemüse zubereitet ist, besonders gekennzeichnet. In einem Verbund von sechs lokalen Gastronomen und acht Produzenten (Müller, Metzger, Brauerei, Brennerei und Landwirtschaft) des Geoparks Ries hat man sich zur Werbegemeinschaft „Geopark Ries kuli-

Oben: In den Gasträumen ist die Wallfahrt zur Muttergottes allgegenwärtig.
Rechts: Ofenkacheln mit Wallfahrtsmotiven

Wallfahrtskirche Maria Brünnlein

Der Anfang der Wallfahrt Maria Brünnlein geht wohl zurück auf eine um 1680 – möglicherweise aus Rom mitgebrachte – Marienfigur, das heutige Gnadenbild. Daraus ergab sich eine ganz typische und vieldutzendfach belegte Entwicklungsgeschichte: Erste Gebetserhörungen sind schon aus dem gleichen Jahr bekannt und 1692 wurde eine erste Kapelle erbaut. 1735 und 1746 sind sogenannte Augenwenden des Gnadenbildes bezeugt und man beschloss den Neubau einer größeren Kirche – dort, wohin die Madonna geblickt haben soll. Im August 1748 fand die Grundsteinlegung statt, an der rund 8000 Menschen teilgenommen haben sollen. In Zeiten knappen Geldes und unter der Regentschaft des Kurfürsten Max III. Joseph entstand bis zum April des Jahres 1782 die an einem Hang stehende, weithin sichtbare Barockkirche mit einer reichen Rokoko-Ausstattung. Architekt war der österreichische Deutschordensbaudirektor Franz Joseph Roth, Fresken und Stuckarbeiten sind Werke der Wessobrunner Stuckateure Johann Baptist und Michael Zimmermann.

Das Zentrum der Wallfahrtsbasilika ist der Brunnen-Altar mit dem Gnadenbild: Zu den Füßen der Gottesmutter fließt frisches Quellwasser aus goldenen Muscheln in ein Becken. In Erinnerung an die Augenwenden, die zum Neubau der Kirche führten, benetzen die Gläubigen ihre Augen mit diesem Wasser und vertrauen auf die Fürsprache der Gottesmutter. Wie das Weihwasser soll auch dieses Wasser an das Sakrament der Taufe erinnern. Es stammt von einer Quelle direkt unter der Kirche, wird aber nicht als Heilwasser eingestuft.

narisch" zusammengeschlossen (siehe hierzu S. 21). Hiermit will man von Regionalität nicht nur sprechen, sondern sie auch aufzeigen – die Broschüre liegt natürlich im Gastraum aus. Besondere Spezialitäten beim Wallfahrtswirt sind zudem verschiedene Variationen rund ums Wild, das aus einem eigenen nahegelegenen Wildgehege stammt. Einen Besuch rechtfertigt weiter die eigene Hausbratwurst, die es am sogenannten Fatimatag immer frisch gibt, einem besonderen Pilgertag an jedem

Dreizehnten des Monats, mit dem an eine denkwürdige Pilgerfahrt in den portugiesischen Wallfahrtsort erinnert wird.

Nicht nur für Pilger, sondern durchaus für alle schenkt man den „Pilgertrunk“ aus, eine eigene Bierrezeptur für ein halbdunkles naturtrübes Schankbier, das es nur im Gasthof gibt und das speziell im Fürstlichen Brauhaus zu Wallerstein gebraut wird. Der Autor dieser Zeilen ließ es sich nicht nehmen, diese Spezialität schon bei einem morgendlichen Besuch zu probieren.

250 Jahre Geschichte ruhen auf den Schultern des aktuellen Wallfahrtswirtes Paul Trollmann und seiner Familie – leicht nehmen sie diese Verantwortung nicht. Die ungebrochene Tradition der Wallfahrt zur benachbarten Kirche Maria Brünnlein bringt regelmäßige Gäste ins Haus, und auch für Busgruppen ist man in den angebauten Sälen bestens gerüstet. Das Haus selbst und die historische Gaststube atmen dennoch bis heute die Authentizität des alten Wallfahrtsgasthofes.

Und da es ja heißt: „Kirche und Wirtshaus“, sollte man genau in dieser Reihenfolge vorgehen: Ein Besuch der prächtigen Wallfahrtskirche Maria Brünnlein lohnt sich!

Blickfang in der Gaststube: der Kachelofen

Gasthof & Pension zur Wallfahrt

Oettinger Straße 107
86650 Wemding

Telefon: 09092 / 362

www.gasthof-wallfahrt.de

Öffnungszeiten:
täglich
08:00–22:00 Uhr

7

Gasthof zum goldenen Lamm in Harburg

Allen Reisenden, die auf der Romantischen Straße – die hier als B25 einen wenig romantischen Eindruck vermittelt – unterwegs sind, ist die Harburg ein Begriff, jene imposante und vielteilige Burganlage mit den beherrschenden Türmen, unter der die Straße hindurchführt. Ihre baulichen Wurzeln reichen in das Jahr 1000 zurück, und seit dem 18. Jahrhundert steht sie im Besitz des Hauses Oettingen-Wallerstein.

Längst nicht so viele Interessierte finden ihren Weg von der Harburg in das dazugehörige gleichnamige Städtchen, wie es dieses verdient hätte. Der Markt (seit 1849 Stadt) entwickelte sich an der Wörnitz und am Fuß des Burgberges, im Schutz der Feste; er war im Mittelalter Reichsgut sowie Sitz weltlicher und kirchlicher Ämter und bis1806 im Eigentum der Fürsten von Oettingen-Oettingen. Der Dreißigjährige Krieg traf die Ortschaft schwer, in der sich danach auch eine bedeutende jüdische Gemeinde bildete, von der noch die imposante Synagoge am Flussufer zeugt. Das Gelände bedingte die Entstehung eines malerischen, vielfältigen Bildes auf engstem Raum: Der Ortskern schart sich um die protestantische Pfarrkirche und den kleinen Marktplatz mit dem Rathaus. Die stattliche Steinbrücke aus dem 17. Jahrhundert überspannt mit ihrem gekrümmten Verlauf und den spornförmigen hohen Flusspfeilern die Wörnitz.

Von der Terrasse des Gasthofes aus kann man per Boot das Wörnitz-Idyll erkunden

An einer verwinkelten, engen Gasse zwischen Marktplatz und Brücke steht der alte Gasthof zum goldenen Lamm, ein zweigeschossiger Steildachbau, dessen Geschichte bis ins 16. Jahrhundert zurückreicht. Dass ein solches Haus nicht in der Denkmalliste steht, hängt mit den durchgreifenden Veränderungen in früheren Zeiten zusammen. Mit einem Marx Durner, der hier eine 1603 genannte „Bierpreustatt" besaß, beginnt die lange Geschichte der Lammwirtschaft. Der Name taucht erstmals um 1680 auf, immer im Zusammenhang mit einer Braustätte. Die „Würthschaft und Preustatt bye dem Pruckthor, mit einem gar kleinen Städelein ... vorne die gemeine Gaßen, hinten die Wörnitz", heißt es, als der Bräu Andreas Christoph Leyrer das Anwesen erwarb. Die Besitzer wechselten rasch, bis das Haus 1790 geteilt wurde in die „untere Haushälfte", in der 1835 die Konzession für eine Gastwirtschaft erneuert wurde, und in die obere Haushälfte, in der es weiterhin das Braurecht gab. Seit 1835 ist das Gasthaus im Familienbesitz – beginnend mit Jakob Bergmüller über Reinhold Wiedemann, der 1966 die Gastwirtschaft übernahm, bis zur (all-)gegenwärtigen Wirtin Jutta Schröppel, der Urenkelin von Friedrich Pfister, der 1900 das Haus erbte; beide Hausteile sind längst wieder vereint. Jutta Schröppel betont, dass die Wirtschaft schon immer von Frauen geführt worden sei, und das sei bei ihr nicht anders: Ihr Mann hat einen bürgerlichen, aber deswegen nicht ehrsameren Beruf. „Das macht mich weniger abhängig vom Wirtshaus", betont die gebürtige Harburgerin. Man merkt ihr an: Sie ist rundum zufrieden in ihrem „Dornröschengefühl" in der alten Malerstadt, die Harburg um 1900 war.

Einmal allerdings war sie gar nicht glücklich, als sie sich nämlich auf das Wagnis eines „Gutscheinbuches" einließ: „Da hast du jeden Mittag deine 30 Essen, kannst planen und einkaufen, kommst zu zweit in der Küche zurecht, und plötzlich hast du 90 Essen, von denen du die Hälfte verschenkst. Und bist trotzdem nur zu zweit." Das war eine einmalige Erfahrung; es gibt auch keine Events im Haus und keine Großveranstaltungen. Warum auch? Kontinuität zählt. Mittags kann man sich auf die Stammgäste verlassen – da hockt der Maurer zwischen dem Banker und dem Radler, wie es sich für ein volkstümliches Wirtshaus gehört, das Standesunterschiede nicht kennt. Zum Mittagsmenu gehört natürlich ein üppiges Salatbuffet. Das Lokal ist gut besucht von denen, die immer kommen, und von denen, die durchreisen.

Die Zutaten für die höchst schmackhafte, persönliche Küche, serviert von munteren, herzlichen Frauen aus dem Ort, kommen überwiegend aus der großen Landwirtschaft in der Familie, die den Großmarkt überflüssig macht; das Fleisch ist regionaler Herkunft.

Die Eintragungen dankbarer Besucher im Gästebuch sprechen für sich!

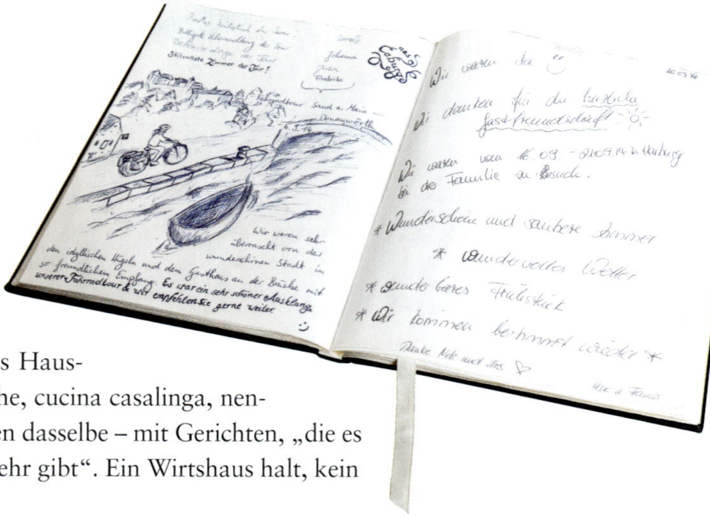

Als gutbürgerlich in großer Bandbreite beschreibt Jutta Schöppel ihre Speisekarte, als Hausmannskost – Hausfrauenküche, cucina casalinga, nennen es die Italiener und meinen dasselbe – mit Gerichten, „die es auf normalen Karten nicht mehr gibt". Ein Wirtshaus halt, kein Restaurant.

Die Vereine sind, wie in vielen Städten, weggegangen, kommen aber ganz langsam zurück. Da braucht es die Haus- und Feriengäste, von denen manche schon in der dritten Generation herkommen; seitdem es den Wörnitz-Radweg gibt, kehren auch immer mehr Radler ein. Für sie und für die Burgbesucher hält das Haus ein kleines, feines und gar nicht teures Hotel mit zehn modern ausgestatteten Zimmern bereit.

Im Sommer gibt es kaum einen schöneren Platz als die Terrasse direkt an der Wörnitz, auf die wir durch den Gewölbekeller mit dem Frühstückszimmer für die Hausgäste gelangen, mit direktem Anschluss an den Fluss: Die Wirtin, die leidenschaftlich gerne rudert, nützt die Gelegenheit, setzt uns kurzerhand ins Boot und zeigt uns eine halbe Stunde lang ihr Harburg vom Fluss aus: die alte Steinbrücke mit ihren Bögen, die alles überragende und beherrschende Burg über dem Steilhang, darunter der Turm der Pfarrkirche aus dem frühen 17. Jahrhundert mit seiner Welschen Haube, direkt am Ufer die imposante ehemalige Synagoge von 1754 mit den neugotischen Fenstern. Der ganze malerische Ort bietet sich dar mit seinen eng gebauten Häusern, unter die sich freilich manch fade Neubauten mischen. Das sanfte Rauschen des Flüsschens, üppiges Grün, blauer Himmel, Ruhe – wer Arme hat zu rudern, sollte sich bei Jutta Schröppel den Kahn ausleihen und sehen, was wir sahen. Der Bootsverleih gehört zum Angebot des Hauses.

Und wenn das Wetter nicht so passt, sitzt man halt in der heimeligen Gaststube beisammen, die ein altes Wappen der mit dem Haus und der Wirtsfamilie ein Jahrhundert eng verbundenen Nördlinger Anker-Brauerei ziert. Spannender ist das Nebenzimmer, denn hier hängen etliche originale Veduten und Ortsansichten, mit denen früher Maler bei Friedrich Wiedemann, dem großzügigen Opa von Jutta Schröppel, ihr Mittagessen bezahlen konnten. Nicht nur das macht das Gasthaus zum goldenen Lamm „auf dem Markt" so sympathisch.

Gasthof zum goldenen Lamm

Marktplatz 15
86665 Harburg

Telefon: 09080 / 1422

www.lamm-harburg.de

Öffnungszeiten:
Sonntag–Freitag
ab 08:00 Uhr
Mittagsmenu
11:00–14:00 Uhr
Abendkarte
18:00–20:00 Uhr
Ruhetage: Samstag,
Donnerstagabend

8

Gasthaus Thaddäus in Kaisheim

Rund 2330 Einwohner zählt das Kerngebiet des Marktes Kaisheim im schwäbischen Landkreis Donau-Ries. Knapp 600 davon sind nicht freiwillig hier, doch dazu gleich mehr.

Idyllisch liegt der kleine Ort im Talkessel des Kaibachs zwischen Feldern und Waldgebieten. Es gehörte einst zum Reichsstift Kloster Kaisheim, das 1133 von Graf Heinrich II. von Lechsgemünd und seiner Gemahlin Liukardis gegründet wurde und als Zisterzienserabtei zur Diözese Augsburg gehörte. Die Kloster- und heutige Pfarrkirche Mariae Himmelfahrt, eine spätgotische Basilika, entstand in der Zeit zwischen 1352 und 1387. Die barocke Anlage errichtete man von 1716 bis 1720 neu. Mit der Säkularisation wurde das Kloster 1802 aufgelöst. Seit dieser Zeit wird der Komplex von Zeitgenossen bewohnt, die sich nicht aus freien Stücken für die Abgeschiedenheit hinter Klostermauern entschieden haben: Als Strafarbeitshaus und Zuchthaus nutzte ihn der bayerische Staat ab 1816, und heute noch befindet sich auf dem fünf Hektar großen, umfriedeten Areal die Justizvollzugsanstalt Kaisheim; Bayerns Iustitia zog sich schon immer schöne Kleider an.

Gegen Ende des 17. Jahrhunderts gründete Abt Judas

Zum Wohl! Der Wirt lässt sich's im Rosengarten schmecken

Thaddäus Mayr (1696–1698) eine Klosterbrauerei und man begann mit der Errichtung einer entsprechenden Anlage außerhalb der Klostermauern: zwei große Wirtschaftsgebäude mit Satteldach, Trauf- und Giebelgesimsen, Aufzugsluken und Kranbalken, ein kleines Nebengebäude und ein Malzhaus. Bis 1951 wurde in der Klosterbrauerei Kaisheim noch gebraut. Seit 1990 ist die Einheit im Besitz der Brüder Panitz, unter deren Regie die alten Gemäuer nun eine neue Nutzung erfahren. Das alte Malzhaus war leider nicht mehr zu retten und ist dem Verfall ausgeliefert. Die anderen Gebäude aber wurden fachkundig renoviert und stehen heute da wie zu alten Glanzzeiten. Im vorderen Anwesen, bezeichnet mit dem Jahr 1706, schufen Jürgen, Reiner und Dietmar Panitz – die beiden Letzteren auch bekannt als Kabarettisten-Combo „Die Mehlprimeln" – mit dem Gasthaus Thaddäus und der zugehörigen Kleinkunstbühne eine kulturelle Institution, die denen in München und andernorts in nichts nachsteht.

Herzstück der Symbiose aus feinsinniger Kunst, qualitätsvoller Küche und historischem Ambiente ist die Gaststube. Würde und Gelassenheit strahlt das jahrhundertealte, auf Stütz-

Der Weinkeller hält für jeden Geschmack den richtigen Tropfen bereit

Links: In den historischen Gewölben befand sich einst die Klosterbrauerei.
Rechts: Ein stummer Zuschauer …

pfeilern ruhende Kreuzgewölbe aus. Mit Zurückhaltung und viel Gespür für den ursprünglichen Charakter des Hauses ging man bei der Ausstattung der Stube vor. Sanftes Licht fällt durch die Sprossenfenster in den tiefen, gerundeten Fensternischen. Moderne Wandlampen verweisen unaufdringlich auf die heutige Zeit. Behagliche Wärme spendet im Winter der Biotherm-Kachelofen. Das massive Mobiliar aus Ulmenholz fertigte ein Oberammergauer Schreiner, und die Metallskulpturen und kunstfertigen Kerzenleuchter stammen aus den Händen des Irseer Künstlers Peter R. Müller. Fein eingedeckte Tische komplettieren die besondere Atmosphäre, die den Gast sogleich für sich vereinnahmt.

Der Gang zum Saal mit Kleinkunstbühne ist mit Solnhofener Platten ausgelegt. Von hier aus geht es auch nach unten, in den reich bestückten Weinkeller. Vor allem die Sammlung an Burgunderweinen, die die Panitz-Brüder direkt von den französischen Winzern beziehen, ist bemerkenswert. Auf Wunsch können in dem altehrwürdigen Gewölbe auch gerne Weinproben mit bis zu 20 Personen inklusive Menü und Kabarett oder Lesung stattfinden.

Das Zentrum der illustren Kabarettabende befindet sich jedoch nicht hier unten, sondern oben unter dem hohen Gewölbe der ehemaligen Brauerei. Luise Kinseher, Django Asül, Thomas Freitag, Mathias Tretter und viele andere mehr, die in der Kabarettszene Rang und Namen haben, geben sich schon seit 1990 in der Kleinkunstbrauerei Thaddäus die Ehre. Zu festen Terminen wie Weihnachten, Ostern oder Muttertag stehen die „Mehlprimeln“ auf ihrer Hausbühne und lassen das Zeitgeschehen auf ihre Art und Weise Revue passieren. Seit über 40 Jahren schon sind Reiner und Dietmar Panitz eine feste Größe in der deutschen Kabarettlandschaft. Für die wöchentlich stattfindenden Veranstaltungen ist der lichtdurchflutete Saal mit professioneller Bühne und Lichtanlage bestens ausgestattet. Finanziert wird das Projekt vom Förderverein Thaddäus e. V., der mit seinen über 400 Mitgliedern die Grundlage für diese bereichernde kulturelle Einrichtung schafft.

Geöffnet ist das Gasthaus in der Regel von Freitag bis Sonntag, wobei freitags üblicherweise die Veranstaltungen stattfinden. Es empfiehlt sich dennoch unbedingt, vor einem Besuch die aktuellen

Die Kleinkunstbühne, Heimstätte des Kabarettisten-Duos „Die Mehlprimeln“

Hinweise auf der Internetseite zu beachten. Gerne werden die ansprechenden Räumlichkeiten nämlich auch für private Feiern wie zum Beispiel Hochzeiten genutzt, und dann hat die Gesellschaft das gesamte Anwesen für sich. Die Panitz-Brüder legen Wert darauf, ihren Gästen immer die volle Aufmerksamkeit zuteilwerden zu lassen und sie rundum zu versorgen.

Samstags ist die Wirtschaft regulär am Abend und sonntags zur Mittagszeit geöffnet. Die kleine, aber feine Speisekarte wechselt wöchentlich, je nachdem, was Region und Saison zu bieten haben. Für Gruppen ab 25 Personen wird nach Vereinbarung auch an anderen Tagen geöffnet. Ein besonders lauschiger Ort im Sommer ist der idyllische Garten zwischen Brauerei- und Nebengebäude. Umgeben von Büschen, Efeu und Rosenranken ist hier der beste Platz, um die edlen Weine zu verkosten. Einziger Wermutstropfen: Fremdenzimmer gibt es im Thaddäus keine, einer muss also nüchtern bleiben. Allerdings lässt sich auch dafür eine Lösung finden: Unter Vorbehalt kann auch im Gästehaus der JVA – wird man mit einem entsprechenden Quantum ertappt, vielleicht auch in einer der dortigen Zellen – genächtigt werden. Nach Möglichkeit ist Dietmar Panitz immer bereit zu vermitteln; fragen Sie einfach nach!

Gasthaus Thaddäus

Abteistraße 23
86687 Kaisheim

Telefon: 09099 / 921999

www.gasthaus-thaddaeus.de

Öffnungszeiten:
Freitag, Samstag
18:00–24:00 Uhr
Sonntag 11:30–15:00 Uhr
Telefonische Reservierung wird empfohlen!
Ruhetag: Montag

9

Bruckwirtschaft in Marxheim

Der Landkreis Donau-Ries bietet an den südlichen Ausläufern der Fränkischen Alb eine abwechslungsreiche Landschaft und für Naturbegeisterte aus dem In- und Ausland vielfältige Möglichkeiten zu ihrer Erkundung. Wanderer schätzen die waldreiche Monheimer Alb und die wildromantischen Lech- und Donauauen, Angler freuen sich über den üppigen, artenreichen Fischbestand in den zahlreichen Flüssen, Bächen und Seen. Bei Radfahrern beliebt sind der Donauradweg und der Radwanderweg Romantische Straße, ganz zu schweigen von den vielseitigen und gut ausgebauten Rund(rad)wanderwegen, auf denen sich die reizvolle Gegend in Tagestouren erschließen lässt.

Einkehrmöglichkeiten gibt es einige an den hochfrequentierten Strecken. Wir lassen uns heute von Martha Klapprott in der Bruckwirtschaft in Marxheim, gut 15 Kilometer östlich von Donauwörth, verköstigen. Gegründet wurden das Dorf und die Pfarrei im 7. Jahrhundert von den Grafen von Lechsgemünd, die gegenüber der Mündung des Lechs in die Donau ihren Herrschaftssitz, die Burg Lechsend, hatten. Im Jahr 1248 errichteten sie an der Donaubrücke bei Marxheim eine Zollstation. Damit zogen sie allerdings den Unmut der mächtigen Regensburger Kaufleute auf sich, die die Burg Lechsend vollständig niederbrennen ließen. Das Adelsgeschlecht zog daraufhin ins benachbarte Graisbach um und nannte sich fortan von Lechsgemünd-Graisbach. Von ihrer Stammburg ist nur noch der Burghügel erhalten. Das Pfarrdorf Marxheim aber liegt noch immer zwischen Lechmündung und Donaubrücke am Flussufer. Zwar ist es nicht mehr Raststation für Kaufleute, dafür aber umso mehr für Radfahrer, die in der Bruckwirtschaft Erfrischung und Stärkung suchen und finden.

1999 nahmen sich Martha und Klaus Peter Klapprott des alten Gasthauses an, das seit vielen Jahre leer stand. Mit dem Jahr 1717 ist der stattliche, grün gestrichene Bau mit gebänderten Ecklisenen und Giebelgesimsen bezeichnet. Den südlichen Giebel ziert ein Aufsatz in Form eines Doppelkreuzes, die Fassade darunter ist mit einer Figurennische samt Marienfigur versehen. Schon immer war das Anwesen ein Gasthof, der am Flussübergang Reisende versorgte. Das Wirtsehepaar steht nun ganz in dieser Tradition, obwohl das zunächst gar nicht der Plan war …

Ein Wohnhaus sollte es eigentlich werden, ohne Fremdenzimmer und Gaststätte. Doch letztendlich konnten sich Klapprotts dem ureigenen gastfreundlichen Charme des Hauses nicht entziehen, und so wurden sie Wirte, zunächst nur mit kalten Brotzeiten und Erfrischungen für ausgelaugte Radler. Diese wurden allerdings bald anspruchsvoller: „Äbbes Warms däd se glischda." Mittlerweile ist Martha Klapprott gut in die Aufgabe hineingewachsen und eine versierte Köchin. Die Gäste schätzen ihre bodenständige Hausmannskost. Eine reiche Auswahl an kalten und warmen Brotzeiten gibt es, ergänzt von warmen Mahlzeiten wie Kartoffelsuppe mit Wienerle, Cordon bleu mit Pommes und Spiegelei, abgeschmelzte Maultaschen, mit Käse überbacken, Kässpatzen oder Forelle mit Röstkartoffeln. Das herzhafte Brot bäckt die Chefin jeden Tag selbst.

Und nicht nur die Durchreisenden sind froh, in der Bruckwirtschaft so herzliche Gastfreundschaft zu erleben. Auch die Marxheimer sind glücklich darüber, endlich wieder eine anständige Dorfwirtschaft im Ort zu haben. So nutzen sie die Gunst der Stunde in den Sommermonaten (denn die Bruckwirtschaft hat nur von Ende April bis Mitte Oktober geöffnet) und treffen sich gleich mehrmals in der Woche zum Stammtisch. Zünftig geht es dann zu in der Stube, in der am Morgen noch die Übernachtungsgäste frühstücken. Mit Holzboden und -decke, umlaufender Bank und massivem Holzmobiliar lädt der Gastraum ein, sich unverzüglich niederzulassen. Ausstaffiert ist er mit allerhand nützlichen und hübschen Gerätschaften aus vergangenen Zeiten, die die Wirtin gerne auf Flohmärkten aufstöbert und liebevoll drapiert. Der obligatorische Kachelofen in sattem Grün fehlt auch nicht.

Lieber noch als in der Stube aber sitzt man im ruhigen, üppig bepflanzten Biergarten vor der Gastwirtschaft beieinander. Ein Apfelbaum spendet Schatten und ein kleiner Brunnen plätschert idyllisch im Hintergrund. Auf einen Ratsch und ein Seidla Hofmühl finden sich alle zusammen – Radler, Marxheimer und Wirtsleut'. Die Reisenden, die teilweise sogar aus Israel oder Kanada ins Donau-Rieser Land kommen, bringen regen Austausch in den idyllischen Ort. Gerade der Kontakt zwischen den Menschen ist es, den Martha Klapprott besonders schätzt an ihrer Rolle als Wirtsfrau. Und auch friedliche Regensburger werden hier mittlerweile wieder gesichtet …

Die typische Dorfwirtschaft ist mit allerlei Gerät aus vergangenen Tagen dekoriert

Bruckwirtschaft

Flößerstraße 8
86688 Marxheim

Telefon: 09097 / 920435

www.bruckwirtschaft.de

Öffnungszeiten:
Ende April–Mitte Oktober
Montag
ab 17:00 Uhr
Dienstag–Sonntag
ab 15:00 Uhr
Küche bis 20:00 Uhr

10

Gasthof zur Traube in Dillingen an der Donau

Zwischen der Mündung der Brenz und des Klosterbachs in die Donau reihen sich die vier Donaustädte Gundelfingen, Lauringen, Dillingen und Höchstädt wie die Perlen an einer Schnur, jeweils kaum zwei Kilometer voneinander entfernt. Die größte ist Dillingen mit seinen Ortsteilen Hausen, Donaualtheim und Schretzheim, parallel zum Fluss sich in Ost-West-Richtung erstreckend. Auf einer Hochterrasse über der Donau wird 973 der befestigte Ort Dilinga genannt, der etwas westlich bei der alemannischen Ursiedlung lag und als Oberdillingen im späten Mittelalter verschwand.

Die Altstadt nimmt nur einen kleinen Teil des heutigen Stadtgebietes ein. Ihre Gründung bei der Burg der Grafen von Dilllingen geschah im zweiten Viertel des 13. Jahrhunderts. Sie ist eine typische Gründungsstadt der späten Stauferzeit, planmäßig angelegt, mit einer Hauptachse, der ehemaligen Herren- und jetzigen Königstraße, die von zwei parallelen, kleineren Straßen begleitet wird, der Kloster- und der Lammgasse. Der annähernd rechteckige Stadtgrundriss wird nur auf der Südostseite zur Donau hin keilförmig erweitert, wo das Schloss auf den Grundmauern der mittelalterlichen Burg auf eine lange Baugeschichte vom 12. bis zum 18. Jahrhundert zurückblickt.

Links: Der Gasthof zur Traube, das Bürgerhaus in der Mitte und das ehemalige Priesterseminar rechts wurden im frühen 17. Jahrhundert erbaut

Der Gasthof zur Traube, Ziel unseres Besuchs in der Stadt, die aufgrund des zu Beginn des 17. Jahrhunderts entstandenen Jesuitenkollegs eines der bedeutendsten Zentren der Gegenreformation in Schwaben wurde, steht am westlichen Ende der Königstraße. Nicht zu verfehlen, denn direkt gegenüber erhebt sich das ehemalige Priesterseminar, ein mit langen Fensterreihen imposant dastehender Bau, der in den Jahren 1619–21 errichtet wurde und heute als Akademie für Lehrerfortbildung jedem bayerischen Pädagogen ein Begriff ist.

Nähert man sich dem Gasthaus von Westen, so geht der Blick zum Mittleren Tor, dem Stadteingang, am östlichen Ende der fast dreihundert Meter langen Königstraße, gesäumt von repräsentativen, drei- und viergeschossigen Bürgerhäusern mit ihren barocken Giebelfassaden, zu denen als langgestreckter Baukomplex das ehemalige Gasthaus zum Stern gehört, das dem Priesterseminar auffallend ähnelt.

Wir kommen indes von Osten, sehen als Abschluss der Königstraße die von einem hohen Schweifgiebel und Ecktürmchen geprägte Fassade eines imponieren-wollenden Bürgerhauses von 1612. Dem Jesuitenseminar mit seinen monotonen Fensterreihen tritt unser Gasthaus durchaus selbstbewusst entgegen, mit seinem hohen Kellergeschoss, seinem Schweifgiebel und seinen eigenen Fensterreihen. Hier verengt sich die Königstraße trichterförmig, unterstützt durch einen Mauerknick in der Fassade des Seminars. Vor dem Gasthaus erstreckt sich ein kleiner Platz, die ehemalige Hofzufahrt, wo sich das barocke Portal über einer Podesttreppe ebenso präsentiert wie der zur Königstraße ausgerichtete bewegte Zwerchgiebel darüber.

Die Baugeschichte der Traube reicht zurück ins 16. Jahrhundert – 1557 wird sie erstmals genannt –, heute geprägt durch eine Umgestaltung 1746 und die Sanierung 1994–1997, deren augenfälligstes Zeugnis der prachtvolle und goldglänzende Ausleger über der Straße ist. Aus dem 16. Jahrhundert stammt auch der windschief wirkende Hopfenspeicher an der rückwärtigen Hofeinfahrt, Überbleibsel einer 1907 aufgegebenen Brauerei, der mit seinem verzogenen Grundriss, dem steilen

Marienstatue und Ausleger am Eck des Gasthofs

Schopfwalmdach und den vier Geschossen einen höchst malerischen Eindruck macht. Er steht direkt über dem Stadtgraben, über den das Ledertor in die südliche Vorstadt führte. Reste der Brauerei stellen auch die stattlichen Kellergewölbe unter der Tenne dar, die den vormaligen Stadtgraben nutzen.

Herrinnen über dieses imponierende Anwesen sind seit 2013 Marianne Dukek und ihre Tochter Steffi Rommel. Marianne Dukek, eine energische und sympathische Wirtin, sichtlich und hörbar stolz auf das älteste Wirtshaus in Dillingen, ist zwar „nur" Pächterin, wie sie sagt, jedoch als Mutter Courage der Traube von morgens bis abends präsent, während Tochter Steffi zur Unterstützung kommt und die Buchhaltung erledigt. Sie beide bilden die DuRo Gastro KG. Frau Marianne hat eine fast 40-jährige Beziehung zu „ihrem" Haus, in dem sie zuerst 17 Jahre lang gekellnert hat, bevor sie für fast 20 Jahre wegging und dann 2013 sozusagen aus dem Exil zurückkehrte. Steffi Rommel ist in und mit diesem Haus aufgewachsen. Das kann nur gut gehen.

Stärker noch als auf dem Land merkt man in der Stadt das Fehlen der Stammgäste; so gibt es kaum noch Stammtische und keine Vereine mehr, die hier, wie es früher üblich war, ihr Stammlokal hätten. Bis 1994 betrieb der Schützenverein zur Traube im Gewölbekeller seinen Schießstand, die obere Tenne diente den Dillinger Trachtlern als Proben- und Vereinsraum. Tempi passati. Hingegen ist heute viel Laufkundschaft da, kommen viele Busse und Pfarrausflüge, deren Ziel Dillingen, das „schwäbische Rom" ist. Nicht ohne Grund ist die Speisekarte zweisprachig. Wie überall im Lande, so ist auch in der Traube das Speisenangebot gemischt, regional – eine Spezialität in der Brautradition des Hauses ist der Brauerfladen – und überregional. Das Fleisch stammt aus der Region, wobei auch Marianne Dukek zugibt, dass sie nicht weiß, woher ihre Metzgereien wiederum ihr Fleisch beziehen. Obst und Gemüse liefert eine hiesige Gärtnerei.

Die große Wirtsstube, in die wir unmittelbar von draußen eintreten, gehört mit ihrer halbhohen Wandvertäfelung, dem Dielenboden und der stattlichen Theke zur Sanierung 1994–97, ein längli-

cher, angenehm nüchterner Raum, ohne überflüssigen Firlefanz, in erster Linie mit kleinformatigen Bildern und alten Fotos an den Wänden, die Tische jeweils mit sechs Sitzplätzen, geordnet-gemütlich. Das rückwärtige Nebenzimmer, die König-Ludwig-Stube, nimmt an zwei Seiten eine lange vertäfelte Wandbank ein (diese in nahezu allen Wirtshäusern präsenten Vertäfelungen sollten die Kälte der Mauern abhalten), die den länglichen Zuschnitt der Stube betont, von großen Stichbogenfenstern erhellt, mit einem altersschönen Dielenboden. Schließlich der Biergarten im Innenhof, den wir über einen gestuften Gang mit einem Fußboden aus breiten Steinplatten erreichen. Wer sich Zeit lässt, kann auf diesem Weg noch einiges zur Geschichte des Hauses lernen.

Es gibt nicht mehr viele „ächte" Wirtshäuser in der Dillinger Altstadt. Ob zum Kirchweihessen, zum Sonntagsbrunch, zum bisweiligen Wild- und Entenessen oder einfach als geistig und geistlich gesättigter, aber körperlich hungriger Gast: Ein Besuch in der Traube lässt kaum Wünsche offen. Wieder so eine Weiberwirtschaft! Und was für eine!

Der geräumige Gastraum in Dillingens ältestem Wirtshaus

Gasthof zur Traube

Königstraße 46
89407 Dillingen

Telefon: 09071 / 7260 60

www.traube-dillingen.de

Öffnungszeiten:
Täglich außer Freitag
11:30–14:00 Uhr
und 17:00–23:00 Uhr
Freitag
17:00–23:00 Uhr

11

Hotel Restaurant Kannenkeller in Lauingen

Einen malerischen Ausblick hat man hier auf das Weichbild des beschaulichen Städtchens Lauingen an der Donau im Landkreis Dillingen: Links reckt sich der Turm der gotischen Pfarrkirche St. Martin in die Höhe, rechts tut es ihm der 54 Meter hohe und nach einem sagenhaften Pferd benannte Schimmelturm gleich, der im 15. Jahrhundert als ‚Lueginsland' diente und zugleich den Stolz der Lauinger Bürger repräsentierte. Drum herum scharen sich kleine und große, bürgerliche und weniger bürgerliche Häuser am Donauufer. Fast bedrohlich wirken im Vergleich dazu die Kühltürme des Kernkraftwerks Gundremmingen etwas weiter links am Horizont.

Wir sitzen im lichtdurchfluteten Wintergarten des Restaurants Kannenkeller an der östlichen Einfahrtsstraße nach Lauingen. Die ältesten Teile des Hauses stammen aus der zweiten Hälfte des 18. Jahrhunderts. Im Jahr 1825 ließ das Wirtsehepaar Leonhard und Ottilia Hartmann das langgezogene Gebäude aus Bruchsteinen mit Mansarddach und Krüppelwalmen neu errichten. Den schicken Wintergarten bauten Charlotte und Johannes Pippert an, als sie 1994 als Gastwirte in den Kannenkeller einzogen. Seit 2013 ist Junior Philipp Pippert Chef des Hauses.

Als Sommerkeller nutzte die 1852 von Peter Sailer gegründete (längst untergegangene) Brauerei Kanne das Anwesen. Während sich die Brauerei selbst am Marktplatz befand, spielte sich hier im Sommer das Leben ab. In den tiefen Bierkellern im Hügel lagerte und reifte das Bier. Kastanien an

der Oberfläche sorgten mit ihrem ausladenden Blätterdach zudem für angenehme Kühle. Ein prächtiger Platz für einen Biergarten mit Kegelbahn und Musikpavillons. Ein solcher Pavillon ist noch erhalten geblieben und bietet als Gastraum für ganz kleine Runden ein lauschiges Plätzchen. Die Musik kommt auch nicht zu kurz, denn im Sommer geben sich sonntags regelmäßig Musiker, meist aus dem Akustik-Genre, die Ehre. Bei wichtigen Fußballturnieren ist das „Gemeinsame Zuschauen" (Public Viewing steht eigentlich für ‚öffentliche Leichenschau', inzwischen versteht man aber auch in England darunter das öffentliche, gemeinsame Fernsehschauen) im Biergarten ein großes Event, und im September gibt es hier sogar ein Oktoberfest mit Festzelt, Tracht und Maßkrügen.

Das Innere des Kannenkellers präsentiert sich licht und offen. An der verputzten Frontseite betritt man Hotel und Restaurant und findet sich gählings in einer langen Halle direkt an der Rezeption wieder. Die Hotelzimmer sind im Neubau nebenan untergebracht. Rechts öffnet sich die jähe Tiefe eines Brunnenschachts, überglast aus gutem Grund. Der Weg führt vorbei an unverputzten Bruchsteinmauern ins Restaurant am anderen Ende des Hauses. In der klassisch-eleganten Stube finden bis zu 50 Gäste Platz, im daran anschließenden, lichtdurchfluteten Wintergarten sind es rund 70. Von hier aus mag der Blick über das gesamte Umland schweifen. Am Südhang des Hügels unterhalb des Wintergartens zieht der 1. Lauinger Winzerverein die Reben für seinen Wein – das „Lauinger Schlitzohr". Die rote Variante ist ein Cuvée aus den Rebsorten Trollinger und Muskat bleu, die weiße aus den Sorten Riesling und Phoenix.

Aus dem einstigen Bierkeller der Brauerei Kanne wurde der Weinkeller des Kannenkellers

Links: Blick auf die Türme der Stadt.
Unten: Erinnerung an die Erbauer

Gespeist wird im Kannenkeller bayerisch-schwäbisch und nach mediterraner Art. Klassiker wie das Schweinefilet mit hausgemachten Spätzle stehen immer auf der Karte, saisonale Gerichte wechseln sich jahreszeitentsprechend ab. Besonders beliebt ist die frische Forelle aus den kleinen Fischzuchten direkt an der nahen Donau. Den passenden Wein zum Mahl empfiehlt gerne das professionelle Servicepersonal. Doch auch Bierfreunde sind mit Traunsteiner Hofbräu bestens bedient. Hofbräu-Chef Maximilian Sailer ist übrigens ein Nachfahre des Braumeisters Peter Sailer, der einst dem Lauinger Kannenkeller zu seinem Namen verhalf. 1896 kaufte Josef Sailer aus Lauingen das 1612 vom bayerischen Herzog und späteren Kurfürsten Maximilian I. gegründete „Weiße Preyhaus" in Traunstein. Die Beziehung zum Kannenkeller besteht seit einiger Zeit wieder.

Neben dem Speisen à la carte bietet Familie Pippert ihren Gästen auch spezielle Arrangements an, für Radfahrer, Paare oder Familien. Besonders Letztere trifft man häufiger im Kannenkeller, eignet er sich doch wunderbar als Ausgangspunkt für einen Besuch im rund 25 Kilometer entfernten Legoland Günzburg. Für die (Legoland-traumatisierten) Kleinen ist im oberen Stockwerk ein betreutes Spielzimmer eingerichtet. Eine florierende Wirtschaft in der Region, allen voran der große Landmaschinenhersteller SDF, führt auch viele Geschäftskunden nach Lauingen und in den Kannenkeller. Radreisende schätzen das Dillinger Land für Ausflüge ins schwäbische Donautal, entlang der Brenz oder in die Ausläufer der Schwäbischen Alb.

Hotel Restaurant Kannenkeller

Dillinger Straße 26
89415 Lauingen

Telefon: 09072 / 7070

www.kannenkeller.de

Öffnungszeiten:
Montag–Donnerstag
17:30–22:00 Uhr
Samstag, Sonntag
11:30–14:00 Uhr
und 17:30–22:00 Uhr
Ruhetag: Freitag

12

Brauereigasthof zur Münz in Günzburg

Was hatte es damit auf sich, als am 4. April 1989 der französische Staatspräsident François Mitterrand dem Günzburger Bürgermeister eine goldene Münze überreichte? Die Anfänge dieser Geschichte liegen über 100 Jahre zurück. Günzburg, über Jahrhunderte in österreichischem Besitz und ab 1803 Landeshauptstadt von Vorderösterreich, kam nach der Niederlage Österreichs im Dritten Koalitionskrieg von 1805 an Bayern. Der siegreiche Napoleon prellte damals, während seines kurzen Aufenthalts in Günzburg, die Zeche in Höhe von 423 Gulden. Diese Schuld hatte schließlich Mitterrand während eines Gipfeltreffens 1989 symbolisch beglichen.

Über Günzburg gäbe es eine Menge weiterer Anekdoten zu erzählen, wie diejenige von einem bestimmten Stein am Marktplatz: Die Unterstadt hegte einen jahrhundertelangen Zorn gegen die Oberstadt. Grund waren deren anhaltender Erfolg und die daraus resultierende Benachteiligung der

Unterstadt. Bei der Renovierung des Marktplatzes 1984 erlaubten sich ein Kunsterzieher und ein Steinmetz einen Scherz, um an diesen Groll zu erinnern: Seitdem ziert ein Stein in Form eines Gesäßes (schwäbisch: Fidla) den mit Kopfstein gepflasterten Boden an der Mündung der Rathausgasse in den Marktplatz. Wenn Sie sich diesen Affront genauer anschauen möchten, bietet es sich an, anschließend im Brauereigasthof zur Münz, nur ein paar Häuser entfernt, einzukehren.

Zwei Giebel geben zu erkennen, dass es sich bei dem Gebäude einst um zwei Häuser handelte. Genau genommen, besteht der Gasthof Münz sogar aus drei Häusern. Im linken Teil, bereits 1586 erbaut, war einst die Brauerei zum Schwarzen Adler untergebracht, ein beliebter Treffpunkt der Handwerker, vor allem der Zimmerer und Mauerer. Hinter diesem Gebäude gab es die kleine Brauerei Münz. Nach 1805 kaufte der Adler-Wirt die Münz, behielt deren Namen, und so wurde aus zwei Brauereien eine. Der rechte Gebäudeteil kam 1860 hinzu. Er hieß Zur blauen Ente und war ebenfalls eine Brauerei mit Wirtschaft, in der vornehmlich Spengler, Goldschmiede, Zinngießer und Gürtler einkehrten. So wurde über die Jahrhunderte aus drei Gebäuden schließlich dieses eine. Drei Brauereien an einem Ort? Für Günzburg nichts Ungewöhnliches! Im Jahr 1796 gab es allein auf dem Marktplatz 19 Gaststätten, von denen 14 ihr Bier selbst brauten.

Inzwischen gehört die Münz in dritter Generation der Familie Bundschuh. Gebraut wird längst nicht mehr, sondern die Gäste werden mit schwäbisch-bayerischen Speisen und bei Bedarf mit einem

Die Namen der Stuben erinnern an die beiden einstigen Brauereien: Schwarz' Adler-Stube (links) und Blau' Enten-Stube (rechts)

Schlafplatz versorgt. Dies geschieht seit 2008 unter der Wirtsfamilie Matthias und Katharina Walz. Matthias ist überall dort anzutreffen, wo gerade jemand benötigt wird: hinter der Theke, am Empfang, beim Einkaufen oder an seinem Lieblingsort, der Küche. Bodenständige Speisen, wie Münzbierbraten mit Starkbiersauce, gebackenes Welsfilet, große Vesperplatte oder einfach Käsespätzle, sind das Aushängeschild der Münz. Das Gasthaus serviert auch Gerichte, die man nicht so häufig auf der Speisekarte findet, wie hausgemachten Hackbraten, wahlweise mit Champignonrahm- oder Bratensauce, schwäbische Linsen oder saure Kutteln. Zusätzlich werden saisonal wechselnde Speisen zubereitet, und montags bis donnerstags gibt es ein täglich wechselndes vegetarisches Mittagsgericht.

Matthias ist selbst ein Wirtshauskind und hatte schon früh den Wunsch nach einem eigenen Gastronomiebetrieb. Mit 16 fing er an, sich seinen Traum Stück für Stück zu erfüllen, und begann eine Ausbildung zum Koch. Seine Frau ist gelernte Hotelfachfrau – eine geradezu typische Verbindung. Somit stand dem lang gehegten Traum von der Selbständigkeit nichts mehr im Wege. Der Küchenmeister erhielt sein Wirtshaus und die Münz ein motiviertes Pächterpaar.

Zur Erinnerung an die einstigen Brauereien wurden die Stuben nach den ehemaligen Gebäuden benannt. So heißt der Raum, der sich linker Hand der Theke und des Hotelempfangs befindet, Schwarz' Adler-Stube, und rechts gelangt man zur Blau' Enten-Stube. Beide sind stilvoll und schlicht eingerichtet. Auf zu viel Dekoration wurde verzichtet, sodass die Räume mit ihren dunklen Holzdecken, dem roten Fliesenboden und dem dunklen Mobiliar für sich wirken können. In beiden Stuben finden jeweils bis zu 40 Personen Platz. Rückwärtig liegt ein weiterer Gastraum: die Bierschwemme mit einem niedrigen Kreuzgewölbe mit orange abgesetzten Rippen und einem gedrun-

genen Stützpfeiler in der Mitte. Neben einem Klavier, auf dem man manchmal Matthias' und Katharinas Sohn spielen hören kann, steht ein großes Aquarium mit Welsen und Barschen. Die Fische sind jedoch nicht für den Verzehr gedacht, sondern sollen allein durch ihren Anblick erfreuen.

Vor den Türen des Gebäudes, direkt am Marktplatz, liegt der Biergarten mit Platz für bis zu 100 Personen. Hier kann man im Sommer beim Schmausen darüber spekulieren, welche anderen Gebäude früher ebenfalls Brauereien gewesen sein könnten. Oder man beobachtet die vielen Touristen, wie sie das Fidla im Boden suchen oder andere Besonderheiten der Stadt ergründen. Zum Beispiel: Warum besteht das Dach des Unteren Tors, das den Marktplatz begrenzt, aus grün glasierten Dachziegeln? Ganz einfach: Um Reichtum zu suggerieren, deckte man damit das Dach auf diese Weise, um es wie durch Witterung verfärbtes Kupfer aussehen zu lassen. Gar nicht dumm!

Blick in die Bierschwemme

Brauereigasthof zur Münz

Marktplatz 25
89312 Günzburg

Telefon: 08221 / 9167494

www.hotel-muenz.de

Öffnungszeiten:
täglich
11:30–22:00 Uhr

13

Gasthof Adler in Zusmarshausen

Der Markt Zusmarshausen liegt mit seinen etwas mehr als 6000 Einwohnern im westlichen Landkreis Augsburg. Schauplatz europäischer Geschichte war die Gegend, als hier am 17. Mai 1648 eine der letzten großen Feldschlachten des Dreißigjährigen Krieges ausgetragen wurde, die Schlacht bei Zusmarshausen. Die etwa 30 000 Mann starken Heere der Franzosen und Schweden versuchten noch einmal erfolglos, die Richtung Augsburg marschierenden kaiserlich-bayerischen Truppen zu schlagen. Nach mehreren Rückzugsgefechten gelang es diesen, die Franzosen und Schweden daran zu hindern, zwischen Schlipsheim und Westheim die Schmutter zu überqueren und Augsburg zu besetzen. Letztendlich förderten diese Kämpfe die Bereitschaft der kriegsmüden Parteien, den Krieg im Oktober 1648 mit dem Westfälischen Frieden zu beenden. – Gelände und Ablauf dieser „letzten Schlacht“ lassen sich bequem mit dem Fahrrad auf einer etwa 14 Kilometer langen Tour zwischen Zusmarshausen und Schlipsheim erkunden. An vier Standorten geben Informationstafeln Auskünfte.

Die Ursprünge eines der ältesten Gebäude Zusmarshausens, des Gasthofs Adler in der Ulmer Straße, reichen wohl in eben jene Zeiten zurück. Mitte des 17. Jahrhunderts erbaut, befand sich hier ursprünglich die Brauerei Adlerbräu. Xaver Demharter, Urgroßvater des heutigen Wirtes Peter, kaufte 1882 das Anwesen mit

Landwirtschaft. Durch die angesehene, erfolgreiche Brauerei konnten sich die Demharters einen Namen in Zusmarshausen machen und galten als eine der reichsten Familien im Ort. Diese glückliche Ära endete mit dem verhängnisvollen „Schwarzen Freitag" im Jahr 1929: Der Zusammenbruch der New Yorker Börse führte damals zur Weltwirtschaftskrise. Xavers Sohn verlor dadurch sein ganzes Vermögen und beging Selbstmord. Diese Tragödie hatte unmittelbare Auswirkungen auf die Brauerei, denn von nun an braute man das Bier nicht mehr selbst, sondern füllte – bis 1932 – nur noch für die Augsburger Brauerei Bürgerbräu ab. Der Besitz ging nun an die nächste Generation. Aber auch Peter Demharters Vater verstarb sehr früh im Jahr 1987. Damit wurde dem gerade einmal 18-jährigen Sohn die berufliche Entscheidung abgenommen; Peter wurde der nächste Wirt des Gasthofs Adler. Doch auch unabhängig von allem Unglück hätte er sich für den Familienbetrieb entschieden. Immerhin hat er schon als kleiner Junge in der Gastwirtschaft mitgearbeitet, um sich sein Taschengeld zu verdienen.

Es ist ein schönes historisches Gebäude, in dem er aufgewachsen ist, schlicht und einfach seine Heimat. Aber der junge Wirt musste feststellen, dass die Übernahme des Hauses nicht ganz so einfach ablief, wie er es sich gedacht hatte. Ein so großes und altes Gebäude angemessen weiterzuführen, ist eine verantwortungsvolle, vielschichtige Aufgabe. Er hat die Herausforderung jedoch bestens gemeistert.

Heute verfügt der Gasthof Adler über mehrere Gästezimmer, einen großen Biergarten und zwei Gaststuben. Schon beim Betreten fällt einem die über 200 Jahre alte, schwere Haustür auf. Die gemütliche, mit schönen Holzdielen ausgelegte Gaststube im Erdgeschoss lädt zu leckerer Stärkung bei einem ofenfrischen Schweinebraten, bei Schweineschnitzel oder Käsespätzle. Der kleine Saal im ersten Stock wird hauptsächlich für Familienfeiern mit bis zu 50 Personen genutzt. Er ist seit einer kompletten Renovierung im Jahr 2006 angenehm schlicht mit Holzmobiliar ausgestattet und in Orange- und Rottönen dekoriert. Besonders schön ist der lauschige Biergarten im Hof des Adlers. Für Schatten sorgen die alten Kastanienbäume sowie eine kleine, mit Weinreben bewachsene Laube. Stimmungsvoll wird es abends, wenn die bunte Lichterkette eingeschaltet ist. Und während die Erwachsenen bei einem Bier entspannen und sich über das Gackern der Nachbarhühner freuen, ist

Rechts: Die historische Haustür.
Unten: Der Schäferwagen im Garten bietet eine romantische Übernachtungsmöglichkeit

auch für die Kinder etwas geboten: Im geräumigen Obergeschoss der ehemaligen Scheune bieten eine Hüpfburg, ein Tischkicker, eine Rutsche und eine Tischtennisplatte ideale Möglichkeiten, sich auszutoben. Eine ganz besondere Übernachtungsmöglichkeit für Freunde romantischer Zweisamkeit steht im Garten bereit: ein mit Holz ausgekleideter Schäferwagen, wohl der größte seiner Art.

Bei Ausflügen in die Gegend kommt übrigens auch der Nicht-Militärhistoriker auf seine Kosten: Mittelalterfreunden seien die mittelalterliche Burgruine Wolfsberg oder die geheimnisvolle Wallanlage auf dem Antoniberg empfohlen. Natur- und Technikbegeisterte finden im Ortsteil Streitheim eine Sternwarte mit Planetarium.

Gasthof Adler

Ulmer Straße 19
86441 Zusmarshausen

Telefon: 08291 / 237

www.adler-zusmarshausen.de

Öffnungszeiten:
täglich
07:00–23:00 Uhr
warme Küche
11:30–13:30 Uhr
und 18:00–21:15 Uhr

14

Schwarzbräu Bräustüberl in Zusmarshausen

Manchmal braucht es einfach ein wenig Glück. Als Brauereibesitzer Leopold Schwarz am Stammtisch einem befreundeten Rechtsanwalt erzählte, dass er einen neuen Pächter für sein Bräustüberl brauche, ahnte er nicht, wie schnell er fündig werden sollte. Der Freund erzählte ihm von einer jungen Frau, die gerade nach einem geeigneten Objekt Ausschau halte, um in die Selbständigkeit zu starten. Es dauerte nicht lange und der Brauereibesitzer und Stefanie Daute trafen sich. Schnell wurde klar, dass sich beide eine Zusammenarbeit sehr gut vorstellen konnten, und so bekam das Braustüberl im Februar 2013 eine neue Wirtin. Ursprünglich hatte Stefanie Daute ein Jurastudium angefangen und nur nebenbei in der Gastronomie gearbeitet. Aus dem Nebenjob wurde aber bald ihre Berufung; sie brach das Studium ab. Ausbildungen zur Köchin, Restaurantfachfrau und Fachfrau für Euro-Hotelmanagment folgten, und schließlich kam sie nach Zusmarshausen.

Links: Die Einrichtung der Gaststube samt wunderbarem Kachelofen stammt von 1946.
Unten: Hinter dem Bräustüberl befindet sich die Brauerei

Das Bräustüberl liegt im Zentrum des Orts. Wie es überhaupt charakteristisch für die Architektur der Stadt ist, liegt auch hier die schmale Seite des Hauses an der Straße. Hinter der Gastwirtschaft befinden sich die Anlagen der Brauerei, die sogar noch über eine eigene Mälzerei verfügt.

Eine Tafel im Eingangsbereich der Gastwirtschaft informiert über das aktuelle Tagesgericht. Linker Hand liegt die Hauptstube, die sogenannte bayerische Stube. Ihr Zustand geht noch auf das Jahr 1946 zurück. Die Einrichtung war das Erste, was sich Konrad Schwarz sen., Leopolds Großvater, nach dem Zweiten Weltkrieg leisten konnte. Immer wieder wurde er von Gästen angesprochen, er solle doch renovieren. Zum Glück hörte er nicht darauf, denn heute profitiert die Gastwirtschaft vom historischen Charme des originalen Mobiliars.

Der angrenzende, offen einsehbare Raum wird Kutscherstüberl genannt. Beide Räume sind mit dunklem Holz ausgekleidet. An vielen Kleinigkeiten fällt die liebevolle Handarbeit auf; so sind etwa Tischbeine und Säulen mit geschnitzten Mustern verziert, an den Wänden hängen Schwarz-Weiß-Fotos aus den 1950er-Jahren. Sie zeigen Arbeiterinnen bei der Flaschenabfüllung, keimende Gerste in der Tennen-Mälzerei, einen „Opel Blitz“-Pritschenwagen, einen Erntedank-Umzug. An den warmen Sommertagen steht auch noch ein kleiner Außensitz zur Verfügung.

Stefanie Daute steht selbst in der Küche und verköstigt ihre Gäste mit schwäbisch-bayerischen und saisonalen Gerichten, die, wie sie selbst sagt, mit „a bissl Pfiff und viel Liebe“ zubereitet werden. Der absolute Renner im Bräustüberl ist das Mälzerschnitzel, das mit Senf und Meerrettich bestrichen und anschließend paniert wird. Neben Klassikern wie Schweinebraten und Schweinshaxen finden

sich auch viele Gerichte vom Ochsen auf der Speisekarte, zum Beispiel Zwiebelrostbraten, Rumpsteak oder Bayern-Burger. Ein Blick in die Getränkekarte bestätigt die professionelle Verbindung zur Brauerei. Die Biere werden genau mit Stammwürze und Alkoholgehalt aufgelistet und die unterschiedlichen Geschmacksvariationen der verschiedenen Sorten beschrieben. Den Unentschiedenen sei als Hilfestellung die kleine Bierprobe empfohlen: Fünf verschiedene Bierspezialitäten werden dabei in kleinen Probiergläsern serviert.

Die Geschichte des Bräustüberls ist eng mit derjenigen der Brauerei verknüpft. Der aufmerksame Beobachter entdeckt sowohl im Gastraum als auch draußen vor dem Haus zahlreiche Spuren der Vergangenheit. Am Ausleger, der Eingangstür, an einem geschnitzten Balken und am reichverzierten und mit humorvollen Sprüchen geschmückten Kachelofen findet sich das Motiv eines grünen Baumes. Dies war der einstige

Das Wirtsehepaar Daute

Name der Brauerei, bevor sie 1871 in den Familienbesitz der Familie Schwarz überging. Der hölzerne Fahnenschwinger über der Verbindungstür der beiden Gaststuben soll an den Dreißigjährigen Krieg erinnern. Nach der Schlacht am Roten Berg am 17. Mai 1648, einem der letzten Kriegsgefechte vor dem Westfälischen Frieden, sollen anschließend die schwedischen Soldaten in die Gaststätte zum Grünen Baum einmarschiert sein und alle Bierfässer leergetrunken haben. Der schwedische Fahnenschwinger ist heute das Markenzeichen der Schwarzbräu Brauerei und ziert die Etiketten der Bierflaschen.

Nach dem Zweiten Weltkrieg verpachtete Konrad Schwarz sen. die Brauereigaststätte, da er sich mehr auf das Brauen konzentrieren wollte. Zuerst ging das Wirtshaus an einen Freund, der es anschließend an seinen Sohn übergab. Stefanie Daute ist nun die achte Pächterin. So wie das Bräustüberl eng verbunden ist mit der Brauerei, so arbeiten auch Stefanie Daute und Leopold Schwarz Hand in Hand und bilden ein ideales Team für die beiden historisch gewachsenen Zusmarshausener Institutionen.

Der Keimkasten der Schwarzbräu Brauerei

Schwarzbräu Bräustüberl

Marktplatz 4
86441 Zusmarshausen

Telefon: 08291 / 1029

www.schwarzbraeu-braeustueberl.de

Öffnungszeiten:
täglich
11:30–23:00 Uhr
Ruhetag: Dienstag

15

Zum Tavernwirt in Aichach-Sulzbach

Gut 500 Einwohner zählt die dörfliche Siedlung Sulzbach, die seit der Gebietsreform 1972 als Stadtteil zum benachbarten Aichach gehört. Obwohl Augsburg, mit über 288 000 Einwohnern die drittgrößte Stadt Bayerns, nur etwa 20 Kilometer südwestlich liegt, ist von Großstadttrubel und Hektik nichts zu spüren. Grüne Wiesen, Rapsfelder, Kuhweiden, einfache Dörfer. Kein Wunder, dass der gebürtige Augsburger, passionierte Küchenchef und erprobte Gastronom Martin Wastl sein Herz an diese beschauliche Landschaft verloren hat. Seit 1992 betreibt er das Gasthaus zum Tavernwirt in Sulzbach. Mit ihm ist das Wittelsbacher Land um eine Perle aus der gehobenen Küche reicher geworden.

Als er zehn Jahre alt war, zog die Familie von Augsburg hinaus aufs Land, nach Sulzbach. Martin Wastl wuchs als Landkind auf und ist darüber auch heute noch sehr glücklich. Der zunächst eingeschlagene Weg des Elektrikers brachte nicht die erhoffte Zufriedenheit. Zu stark war die Faszination, die die Gastronomie auf ihn ausübte. Also drückte er mit 20 Jahren erneut die Schulbank, um sein Abitur nachzuholen. In den Folgejahren fasste er als Discjockey immer weiter Fuß im Gastrogewerbe. Vier Jahre lang betrieb er zusammen mit Bekannten die einst legendäre Studenten-

kneipe Striese in Augsburg. Eine wilde Zeit, wie er selbst sagt. Die Offenbarung kam, als er sich mit 28 Jahren, sozusagen als Spätberufener, für eine Kochlehre entschied. Intensive eineinhalb Jahre lang sog er alles auf, was ihm Sternekoch Franz Fuchs vom Chéval Blanc in Augsburg über die Geheimnisse der gehobenen Küche beibrachte.

Der nächste Wink des Schicksals folgte 1992, als Martin Wastls Schwester beim Tavernwirt in Sulzbach Hochzeit feierte, der just in diesem Jahr zur Pacht frei wurde. Eigentümer des Traditionshauses, Baron Marian von Gravenreuth, sah mit ihm, seiner Küchenphilosophie und seiner Verbundenheit zur Region den richtigen Mann gekommen und gab ihm den Zuschlag. Seither hat Martin Wastl in Sulzbach ein außergewöhnliches Lokal etabliert, das Freunde exklusiver Genüsse aus dem weiten Umkreis anzieht.

Die Räumlichkeiten scheinen auf ihn gewartet zu haben, in den mindestens 150 Jahren ihres Bestehens. Die traditionsreiche Tavernwirtschaft mit Pferdewechselstation bot Reisenden auf der Strecke zwischen Augsburg und Regensburg eine willkommene Pause mit bester Verköstigung. Die Tavern- oder Taferngerechtigkeit gab einem Wirt außer dem Schankrecht auch die Erlaubnis, in seinem Gasthaus warme Speisen zu servieren, Gästezimmer und Fremdstallungen anzubieten und Festmähler wie Verlobungsfeiern, Taufen und Hochzeiten auszurichten. Wirte, die dieses Recht nicht besaßen, waren einfache Zapfwirte. Dementsprechend sind Gastfreundschaft sowie üppiges und feines Tafeln seit jeher integrale Charakterzüge des stattlichen Anwesens.

Frei steht der zweigeschossige Walmdachbau mit Zwerchgiebel an der Durchfahrtsstraße. Der rötliche Anstrich, die querlaufende Putzgliederung und die grünen Fensterläden lassen ihn behäbig und doch vornehm wirken. Daneben überspannt das ausladende Grün hundertjähriger Kastanien einen weitläufigen Biergarten zu Füßen der Dorfkirche St. Verena. Der Ausleger an der Ecke zeigt das Gravenreuthsche Wappen mit silbernem Einhorn auf blauem Grund. Über eine Freitreppe erreicht man das grüne Eingangsportal.

Die Räumlichkeiten dahinter strahlen Ruhe und Gelassenheit aus. Vom gewölbten, mit alten Solnhofener Platten ausgelegten Hausflur aus gelangt man rechts in die Gaststube. Zurückhaltend und elegant ist ihr Gepräge. Aus dem alten

Elegantes Ambiente und zeitgenössische Kunst an den Wänden im historischen Gastraum

Dielenboden treten schon die Astansätze hervor. Auf alten Bänken und neuen Lederstühlen lässt man sich zum Speisen an fein eingedeckten Tafeln nieder. Viel Staffage braucht es nicht. Ein Herrgottswinkel, eine Pendeluhr, hin und wieder wechselnde Kunst an den Wänden. In einem kleinen anschließenden Nebenraum ist gerade Platz genug für eine Gesellschaft von zehn Gästen.

Wer beim Tavernwirt einkehrt, den erwarten frische, regionale Zutaten in kreativen Kompositionen. Das Kochen verzaubert Martin Wastl nach all den Jahren noch immer, und seine Inspiration zeigt sich in der häufig wechselnden, kulinarische Überraschungen versprechenden Speisekarte. Derchinger Saiblingsfilets an Pernodsauce und Pfefferkirschen gibt es oder geschmorte Oxenbacke vom Wittelsbacher Oxen mit Aprikosen-Weißkraut und gebratenem Brezenknödel. Zu den sogenannten erotischen Wochen im November wird mit anregenden Zutaten wie Feige, Vanille, Schokolade und Kaffee gekocht. Als Weinkenner und -sammler hilft der Gastgeber auch gerne bei der Auswahl des passenden Tropfens zum Menü. Die Weinkarte offenbart ein reiches Sortiment an Weinen aus Deutschland, Österreich, Frankreich, Italien und Portugal.

Mittlerweile hat Martin Wastl seine Leidenschaft auch – für jedermann zugänglich – in Buchform herausgegeben. „Mein Wittelsbacher Land Kochbuch“ heißt die anschauliche Rezeptsammlung, die dem Leser die vielfältige Kulinarik der Region nahebringt und ihn ermutigt, sich selbst kreativ auszuprobieren. Wer lieber dem Meister selbst sein Handwerk überlässt, der kann sich beim Tavernwirt das fruchtige Salatdressing aus Traubenkernöl, Apfelessig und trockenem Weißwein oder den alkoholfreien, biologischen Aperitif Rosenzauber als Vorgeschmack auf den nächsten Besuch mit nach Hause nehmen. Und wenn es gerade einmal nichts zu tun gibt, sitzt Martin Wastl am liebsten selbst im Biergarten unter den alten Kastanien, sinniert über sein Wittelsbacher Land und hat schon die nächsten Ideen für überraschende und genussvolle Kompositionen im Kopf.

Zum Tavernwirt

Tränkstraße 6
86551 Aichach-Sulzbach

Telefon: 08251 / 7154

www.tavernwirt.de

Öffnungszeiten:
Mittwoch–Samstag
18:00–24:00 Uhr
Sonn- und Feiertage
11:00–14:00 Uhr
und 18:00–24:00 Uhr
Ruhetage:
Montag, Dienstag
Veranstaltungen, auch außer Haus, sind auf Anfrage jederzeit möglich.
Bei schönem Wetter Biergartenbetrieb

Zeughausstuben in Augsburg

Augsburg überzeugt in jeder Hinsicht: landschaftlich, wirtschaftlich und kulturell. Es ist mit seinen 288 000 Einwohnern die drittgrößte Metropole Bayerns und – die grünste Stadt Deutschlands, da ein Viertel der gesamten Fläche von Wäldern bedeckt ist! Hierzu gehört unter anderem der Augsburger Stadtwald, der als Naturschutz- und Naherholungsgebiet ausgezeichnet ist. Die reiche Flora und Fauna rührt von der Lage Augsburgs am Lech her, in dessen Tal sich die Natur ungestört ausbreiten kann. Augsburg ist auch die einzige Stadt, die deutschlandweit einen eigenen gesetzlichen Feiertag zelebriert: das Hohe Friedensfest, alljährlich seit 1650 am 8. August.

Jakob Fugger und Leopold Mozart, Komponist und Vater eines berühmten Sohnes, und Bertolt Brecht wurden hier geboren. Walter Oehmichen gründete hier 1948 die von Jung und Alt geliebte Augsburger Puppenkiste. Auch wirtschaftlich gelangen einige revolutionäre Erfindungen in der späteren Universitätsstadt (die junge Universität wurde erst 1970 gegründet): Rudolf Diesel entwickelte mit Hilfe der Ingenieure der Firma MAN den ersten Dieselmotor. Carl von Linde erfand die erste Kältemaschine, die er ebenfalls von MAN produzieren ließ. Und die Messerschmitt AG baute hier ihr erstes Düsenflugzeug in Serie.

Links: Das Zeughaus wurde 1602–07 von Elias Holl als reichsstädtische Waffenkammer und Garnison errichtet.
Rechts: Die großartige Bronzegruppe mit dem Erzengel Michael im Kampf mit Luzifer, geschaffen von Hans Reichle, ist eine touristische Attraktion

Trotz verheerender Verluste im Zweiten Weltkrieg hat die Stadt am Lech auch heute architektonisch Bedeutendes zu bieten: den Dom, St. Ulrich und Afra oder das von dem Renaissance-Baumeister Elias Holl geschaffene ehemalige Zeughaus, errichtet von 1602 bis 1607 als reichsstädtische Waffenkammer. Gleichzeitig konnten hier bis zu 3000 Soldaten untergebracht werden. Nachdem es ab 1899 als Feuerwache genutzt wurde und in den 1960er-Jahren Verhandlungen mit einer Kaufhauskette auf Grund der Intervention engagierter Augsburger scheiterten, konnte im Dezember 1980 hier das Bildungs- und Begegnungszentrum eröffnet werden. Zu dem Konzept gehört auch eine Gastwirtschaft: die Zeughausstuben.

Als Erstes fällt der große Biergarten vor den Toren der Gastwirtschaft ins Auge. Bis zu 350 Personen können das schöne sommerliche Wetter unter den großen Ahorn-, Linden- und Kastanienbäumen genießen – und das mitten in der Innenstadt. Um die Wartezeiten zu verkürzen, gibt es ein kleines Ausschankhäuschen auf der Freisitzfläche. Wenn man sich einen Platz in der hinteren Hälfte des Biergartens gesucht hat, darf man sich nicht wundern, wenn niemand kommt, um Bestellungen aufzunehmen, denn es herrscht Selbstbedienung. Dafür darf man hier, wie es sich für einen echten Biergarten gehört, seine eigene Brotzeit verzehren. Optisch werden die beiden Bereiche durch halbhohe Pflanzen getrennt. Für Kinder gibt es einen kleinen Spielplatz.

Innen fügt sich der Gastraum perfekt in das historische Ambiente, wobei man eher von einer Halle als von einem Raum sprechen sollte. In den Zeughausstuben erwartet die Gäste ein hohes Kreuzgewölbe auf mehreren massiven Stützpfeilern, die in einem warmen Braunton gestrichen sind. Diese Raumteilung kommt der praktischen Platzierung der Sitzecken entgegen. Große Schwarzweiß-Drucke schmücken die Wände. Sie zeigen den Baumeister Elias Holl, historische Ansichten des Hauses und der Stadt sowie die ehemalige Feuerwehrwache, die hier in der Stube ihre Fahrzeuge untergestellt hatte. Ein kleiner Teil der Gaststätte kann mittels einer Glastür abgetrennt werden, sodass man mit 25 Personen ungestört feiern kann. In den übrigen Zeughausstuben haben 150 Personen Platz. Neben der Küche gibt es einen kleinen, mit Backsteinwänden umgebenen Innenhof, das Weinhöfle. Durch ein Glasdach geschützt, kann man hier auch bei schlechterem Wetter draußen sitzen.

Die Gaststätte trumpft mit ihren bayerisch-schwäbischen Gerichten auf. Dazu zählen der beliebte Krustenbraten, Wiener Schnitzel und das Bayernreind'l. Besonders hervorzuheben sind bayerische

Die Fugger

Aktuelle Romantitel wie „Das Amulett der Fuggerin", „Der Spion der Fugger" oder „Im Labyrinth der Fugger" zeigen: Die Geschichte des schwäbischen Kaufmannsgeschlechts fasziniert uns nach 500 Jahren noch immer. Freilich haben sich in dieser langen Zeit etliche Mythen und Legenden um die geschäftstüchtige Familie gesponnen. Ohne Zweifel jedoch ist ihr Werdegang einzigartig, und in vielerlei Hinsicht war ihr Geschäftsmodell zukunftsweisend.

1367 siedelte der Webermeister Hans Fugger aus dem Dorf Graben nach Augsburg über. Mit seinen beiden Söhnen Andreas und Jakob dem Älteren teilte sich die Familie in zwei Linien: die Fugger vom Reh und die Fugger von der Lilie. Zunächst waren die Unternehmen beider Familienzweige sehr erfolgreich. Eine einzige Fehlentscheidung (ein ungenügend abgesicherter Kredit an Erzherzog Maximilian I.) führte jedoch dazu, dass die Firma der Linie vom Reh gegen Ende des 15. Jahrhunderts bankrottging. Das Unternehmen der Linie von der Lilie hingegen wuchs immer weiter, erlangte weltweite Bedeutung und erwirtschaftete nahezu unermessliche Reichtümer.

Bekanntester Vertreter der Dynastie ist Jakob Fugger der Reiche, 1459 in Augsburg geboren, unter dessen Führung sich das Unternehmen von einem konventionellen Handelsunternehmen zu einem europaweit agierenden Konzern entwickelte. Grundlage dafür war der Baumwollhandel mit Italien. Zudem weitete er die Geschäfte der Familie auf die Montanindustrie und den Bankensektor aus. Mit seinem Gespür für Geschäftsbeziehungen und durch die geschickte Nutzung neuer Dienstleistungstechnologien, insbesondere gut funktionierender Informationsnetzwerke, hatte er den Einfluss des Fugger-Unternehmens bald auf alle europäischen Metropolen und auch den Überseehandel ausgeweitet. Die immense finanzielle Unterstützung, die Jakob Fugger den Habsburgern gewährte, bedeutete für die Familie auch in politischer Hinsicht erheblichen Machtzuwachs.

Der spanische Staatsbankrott, die daraufhin folgende Zahlungseinstellung 1607 und der Dreißigjährige Krieg schmälerten das Unternehmen Fugger jedoch zunehmend. 1658 schließlich wurde die Firma aufgelöst. Die Familienmitglieder hatten mittlerweile allerdings hohe Ämter an den Höfen und in der Verwaltung inne, und so waren ihr Einfluss und Auskommen auch in den folgenden Jahrhunderten gesichert. Nichtsdestotrotz gilt Jakob Fugger der Reiche bis heute mit einem Vermögen von (auf heutige Verhältnisse) umgerechnet rund 400 Milliarden Dollar als reichster Mensch aller Zeiten.

Spezialitäten wie Rindsrouladen nach Hausfrauen Art, Echter Tafelspitz, saures Kalbslüngerl oder Krautwickel. Zusätzlich gibt es eine saisonale Speisekarte und eine Mittagskarte mit einem vergünstigten Hauptgericht. Um das Angebot noch verlockender zu gestalten, gibt es außerdem zwischen 15 und 17 Uhr fast alle Hauptgerichte zum halben Preis, und zwischen 17 und 18 Uhr kostet jedes Bier einen Euro weniger. Dagegen lässt sich aus Sicht des Gastes nicht viel einwenden!

Seit 2008 werden die Zeughausstuben von den zwei Seferi-Brüdern geleitet. Fatmir Seferi war hier bereits vier Jahre lang angestellt, hat sich vom Kellner zum Geschäftsführer hochgearbeitet, und

Rechts oben: Das weitläufige Kreuzgratgewölbe der Zeughausstuben

jetzt gehört ihm die Gaststätte, zusammen mit seinem Bruder. Die Beiden haben sich inzwischen in der Augsburger Gastronomieszene einen Namen gemacht und können noch vier weitere Speiselokale ihr Eigen nennen.

Im Bildungs- und Begegnungszentrum gibt es außerdem noch eine Musikschule und mehrere Tagungs- und Veranstaltungsräume. Das Foyer und die imposante Toskanische Säulenhalle eignen sich ideal für Kunstausstellungen. Über dem Portal an der Barockfassade an der Ostseite des Gebäudekomplexes ist eine herrliche Bronzegruppe des Bildhauers Hans Reichle zu bestaunen. Sie zeigt den Erzengel Michael, wie er siegreich mit Luzifer kämpft. Kunstbegeisterte Touristen kommen wegen der Bronzegruppe immer wieder zum Zeughaus. Und so wurde aus dem einstigen Waffenlager ein beliebter Treffpunkt für Jung und Alt inmitten der Augsburger Altstadt.

Zeughausstuben

Zeughausplatz 4
86150 Augsburg

Telefon: 0821 / 5080504

www.zeughausstuben.de

Öffnungszeiten:
täglich 10:00–23:00 Uhr

Maximilians-Klause in Augsburg

Als sich Kaiser Maximilian I. lobesam nach seinem letzten Besuch in Augsburg 1518 mit den Worten „Nun gesegne Dich Gott Du liebes Augsburg und alle frommen Bürger darinnen! Wohl haben wir manchen frohen Mut in Dir gehabt. Nun werden wir Dich nicht mehr sehen“ an seine zahlreichen Aufenthalte in der Fuggerstadt erinnerte, hatte er mit Sicherheit auch die ein oder andere fröhliche Stunde im Anwesen Jesuitengasse 18 im Sinn. Dort nämlich lebte von 1506 bis zu seinem Tod 1519 ein treuer Freund, Berater und Hofnarr des bedeutenden Habsburgers. Cunz (Konrad) von der Rosen war sein Name, und mit viel Witz, Scharfsinn und Einfallsreichtum brachte er es vom einfachen Wirtssohn Cunz Rößlin aus Kaufbeuren bzw. Landsberg am Lech zum geadelten kaiserlichen Vertrauten.

Sein Grab finden wir in der Augsburger St. Anna-Kirche. Eine Steintafel mit Inschrift kennzeichnet sein ehemaliges Wohnhaus. Von außen mag der traufseitige, dreigeschossige Satteldachbau mit Flacherker recht unscheinbar wirken. Ein beleuchtetes Schild jedoch verspricht ein Wirtshaus, eine Weinstube und einen Biergarten hinter der erdfarbenen Fassade. Maximilians-Klause heißt die Wirtschaft, in der wir einkehren. Mit Pächterpaar Ramy Boles und Sharokin Zomaya hat die alteingesessene Gaststätte seit Juni 2016 neue Wirtsleut', die professionell und herzlich die weithin geschätzte Gastfreundschaft in der Maximilians-Klause weiterpflegen. Nach 45 Jahren, von denen sie über 20 Jahre lang selbst Chefin des Hauses war, ging Vorbesitzerin Magdalena Förster in den wohlverdienten Ruhestand. Unter ihrer Regie etablierte sich

das ehemalige Weinlokal zu einer in und um Augsburg beliebten Speisegaststätte nach gut bayerisch-schwäbischer Manier. Neben dem saftigen Schweinebraten mit Knödel, dem klassischen Zwiebelrostbraten mit Spätzle und den unverzichtbaren Schupfnudeln mit Kraut verbinden viele Gäste besonders den fränkischen Karpfen als Spezialität der Küchenchefin mit der Maximilians-Klause.

Und daran hat sich auch gar nichts geändert. Die traditionelle Speisekarte hat der gebürtige Iraker Ramy Boles, der seine Erfahrungen über Jahre hinweg beim Augustiner und im Hofbräuhaus gesammelt hat, weitgehend so gelassen, wie seine Gäste sie von jeher gerne haben. Verschiedene Flammkuchen, Steaks und deftige Brotzeiten wie Wurstsalat, kalter Braten und Obazda stehen ebenfalls auf dem Speiseplan. Eine wechselnde Wochenkarte gibt es auch. Darüber hinaus jedoch hat die Küche in der Maximilians-Klause von nun an auch eine feine Auswahl orientalischer Gerichte zu bieten, die das gutbürgerliche Sortiment in erfreulicher Weise um Spezialitäten der nahöstlichen Kulinarik ergänzt. Die exotischen Aromen von libanesischem Salat, Falafel, Hummus (Kichererbsenpüree), Mutabbal (Auberginenpüree) und Tabuleh (Petersiliensalat) bringen einen Hauch von tausendundeiner Nacht in die Augsburger Innenstadt. Der Karpfen nach orientalischer Art bietet während der Saison eine interessante Alternative zum bekannten fränkischen Original.

Den Gästen gefällt es – die Eröffnung unter neuer Leitung im Juni 2016 war ein voller Erfolg. Auch den geschulten Gaumen der Stammgäste konnte die Bewirtung des neuen Pächter-

Oben: Historisch ist auch das schön geschnitzte Klavier.
Links: Erinnerung an die Ritterzeit.
Linke Seite: Das Wandgemälde zeigt einen Mönch bei der Weinprobe

ehepaares standhalten. Und so treffen sie sich wie schon immer in der Maximilians-Klause zum Stammtisch, zu Vereinsangelegenheiten oder zu privaten Feiern. Für ihre aufmerksame Bedienung sorgt neben Chefin Sharokin Zomaya Servicemitarbeiterin Ute Staudenmeier, die sich auch schon zu Magdalena Försters Zeiten um das Wohl der Gäste kümmerte.

Am Interieur des Wirtshauses hat sich nichts geändert. Warum auch? Die imposanten Ritterrüstungen am Eingang stehen dem geräumigen Gewölbe der Stube gut zu Gesicht (es ist nur ein Gerücht, betrunkene Gäste würden darin ausgenüchtert ...). Eckbanknischen sorgen für kommunikative Runden. Augenfällig: zwei große Wandgemälde. Das am Eingang zeigt eine Szene mit dem antiken Weingott Bacchus, das gegenüberliegende einen Mönch bei der Weinverkostung, so wie ihn uns der Maler Eduard Grützner überlieferte. Am Klavier gegenüber der alten Weinpresse gibt so mancher Stammgast hin und wieder ein Stück zum Besten. Die Jägerstube, mit allerhand Trophäen aus Wald und Flur ausstaffiert und allwöchentlicher Treffpunkt der Jäger zum Stammtisch, ist die Diele zum Blauen Salon, dem Nebenzimmer mit verspielt-bäuerlichem Charme. Es bietet für Gesellschaften mit bis zu 50 Gästen einen ansprechenden Rahmen. Von hier aus geht es auch in den kleinen Biergarten, im Sommer ein schöner Platz zum Gutleben, um sich ein süffiges Unterbaarer zu genehmigen oder sich an einem Glas aus dem üppigen Weinlager (ca. 140 Sorten) zu erfrischen. Günstige Voraussetzungen also, um der etablierten Wirtschaft ein neues Kapitel Gastronomiegeschichte hinzuzufügen. Darin sind sich alle einig – Gäste und Gastwirte.

Der Schraubstock einer alten Weinpresse

Maximilians-Klause

Jesuitengasse 18
86152 Augsburg

Telefon: 0821 / 510565

www.maximilians-klause.de

Öffnungszeiten:
Montag, Dienstag
und Donnerstag–Samstag
11:00–14:00 Uhr
und 17:00–23:00 Uhr
Sonntag
11:00–23:00 Uhr
Ruhetag:
Mittwoch

Altstadtgasthaus Bauerntanz in Augsburg

Wer in Augsburg zu Besuch ist und auf seinen Streifzügen durch die Fuggerstadt eine Verschnaufpause zwischen all den Sehenswürdigkeiten braucht, dem wird eine Promenade durch das zentral gelegene Lechviertel südöstlich des Doms St. Ulrich guttun. Jahrhundertelang war es das Zentrum der Handwerker der Stadt: Feilenhauer, Weber, Gerber, Gold- und Silberschmiede hatten hier ihre Werkstätten. Im 19. Jahrhundert verfiel es zusehends und wurde zum Wohnviertel der ärmeren Bevölkerungsschichten. Mit der umfassenden Sanierung ab den 1980er-Jahren gewann der Stadtteil wieder an Beliebtheit und Flair. Die nach dem Krieg zum größten Teil überdeckten Lechkanäle wurden wieder geöffnet, und heute ist das Viertel mit seinen engen, verwinkelten Gassen, der historischen Kopfsteinpflasterung und den zahlreichen kleinen Boutiquen, Kneipen und Bars Anziehungspunkt für Touristen und Einheimische gleichermaßen.

Zwischen Vorderem und Hinterem Lech macht ein schmuckes Eckhaus mit vorgeblendetem Giebel und nobler, heller Fassade auf sich aufmerksam. Dahinter verbirgt sich das wohl älteste Gasthaus der Stadt. Bereits 1572 ist hier eine Brauerei mit Schenke belegt. 1576 wird das Gasthaus zum Bauerntanz des Bierbrauers Hans Kneule erstmals urkundlich erwähnt. Der Kern

des heutigen Gebäudes geht zurück auf das Jahr 1616, grundlegende Umbauten erfuhr es in der Mitte des 18. Jahrhunderts. In den Jahren 1737 und 1738 brachte der Maler Johann Evangelist Holzer (1709–1740), wichtiger Vertreter des Augsburger Rokoko, zwei Fresken an den Außenwänden des Anwesens an. Eine Jagdszene an der Südfassade und an der Westseite eine Bauernhochzeit, den Bauerntanz. Letzteres Motiv war ein beliebtes Thema in der Malerei und findet sich an verschiedenen Stellen in Augsburg. Mit der Umgestaltung 1811 verschwanden die Kunstwerke, und das Gebäude erhielt seine heutige Erscheinungsform im klassizistischen Stil mit Eckrustika, Fensterarchitraven, Konsolen und Fensterbänken. Von der Bauerntanz-Szene existieren heute noch Kupferstiche, die der Augsburger Miniaturmaler, Zeichner und Kupferstecher Johannes Esaias Nilson (1721–1788) in der Zeit um 1765 schuf. Eine Kopie davon hängt im Gasthaus.

Das Innere der Wirtschaft wartet mit gepflegt ländlichem Charme nach gutbürgerlicher Manier auf. Der Gastraum wird von der Schanktheke in der Mitte in zwei Bereiche unterteilt. Rechts finden rund 50 Gäste auf der umlaufenden Bank und massiven Holzstühlen an hübsch eingedeckten Tischen Platz. Links können sich noch einmal etwa 45 Gäste in den gemütlichen Eckbanknischen niederlassen. Liebevolle Details wie bestickte Kissen, Bilder bäuerlicher Szenen und Stadtansichten Augsburgs stehen der holzvertäfelten Stube gut zu Gesicht.

Das traditionelle Flair des Hauses setzt sich in der Speisekarte fort. Die Küche bietet bayerisch-schwäbische Hausmannskost, wie sie nicht nur der Auswärtige, sondern auch der Augschburger zu schätzen weiß. Deftig darf's sein, und das gern in ordentlichen Portionen. Des „Gelbfüßler's Leibspeis'" ist freilich der Schwabentopf mit Schweinemedaillons, Kässpatzen und Champignonrahmsauce. Maultaschen und Schupfnudeln dürfen ebenso wenig fehlen wie der Bodenseezander oder der schwäbische Zwiebelrostbraten. Mit einer appetitlichen Auswahl an süßen Nachspeisen kom-

Bäuerliche Szenen schmücken die Wände in Augsburgs ältestem Gasthaus

Aus dem Gastraum geht ein idyllischer Blick in den Biergarten hinaus

men Naschkatzen auf ihre Kosten und Pfunde. Die meisten Gerichte werden zu einem günstigeren Preis als kleine Portion angeboten, und auch für Kinder ist im Speisensortiment gesorgt.

Genauso sehr wie die reichhaltigen Mahlzeiten schätzen die Gäste im Bauerntanz den freundlichen Service. Stammgäste und Stammpersonal kennen sich. Wirtin Gudrun Hirschbolz führt das Haus seit 2002, einige der Bedienungen sind schon erheblich länger hier. Und so trifft man in dem Traditionswirtshaus immer ein bunt gemischtes Publikum aus Alteingesessenen, Touristen und Geschäftskunden an. Wer ausländischen Besuchern einen Eindruck von der regionalen Gastfreundschaft und Kulinarik vermitteln will, ist hier an der richtigen Adresse. Angeblich soll schon Wolfgang Amadeus Mozart, als er 1777 zu Besuch bei seinem Augsburger Bäsle war, im Bauerntanz eingekehrt sein, und auch Johann Wolfgang von Goethe ist einer der Namen auf der Gästeliste.

Ein Besuch lohnt sich also allemal, und im Sommer ist vor allem der Biergarten vor und neben dem Wirtshaus zu empfehlen. Bei einer stärkenden Brotzeit und einem frisch gezapften Hasen-Bräu kann man sich hier dem alternativen Zauber des Augsburger Lechviertels kaum entziehen.

Altstadtgasthaus Bauerntanz

Bauerntanzgäßchen 1
86150 Augsburg

Telefon: 0821 / 153644

www.bauerntanz-augsburg.de

Öffnungszeiten:
täglich
11:00–23:30 Uhr
Durchgehend warme Küche
bis 22:00 Uhr

ALTE ROGGENSCHENKE IN ROGGENBURG

Matthias Klostermayr, besser bekannt als Bayerischer Hias, errang sich im 18. Jahrhundert als Wilderer und Anführer einer Räuberbande einen eher zweifelhaften Ruf (nicht zu verwechseln mit Bill Bo, den älteren Fans der Augsburger Puppenkiste bestens in Erinnerung). Einen Teil seiner Beute verschenkte er an die arme Bevölkerung, wodurch er den Ruch eines Volkshelden erhielt. Die Bauern erfreuten sich an seiner Wilderei, da er den Wildbestand verringerte und damit auch ihre Felder schützte. Der Obrigkeit, die jahrelang versuchte, des Rebellen habhaft zu werden, war er natürlich ein Dorn im Auge. Doch er konnte mit seiner Bande in den Grenzgebieten zwischen Bayern und Schwaben immer wieder entkommen – bis zum 14. Januar 1771. Da nämlich wurden der Hias (oder Hiasl als Kurzform von Matthias) und seine Leute nach vierstündigem Kampf in einem Wirtshaus in Osterzell gefasst und im folgenden Prozess zum Tode verurteilt. Zwei Jahre zuvor, am 15. September 1769, waren der Räuber und seine Gefährten in ein Wirtshaus in Roggenburg eingefallen und hatten – ungestraft, wie so oft – den Abt und Reichsprälaten Georg Lienhardt provoziert, bevor sie weiterzogen.

1670 als Wirtshaus erbaut, 1769 vom Bayerischen Hias räuberisch heimgesucht, heute renoviert und mit prämiertem Biergarten ausgestattet: die Roggenschenke

Hias und Reichsprälat sind längst Geschichte, die Gaststätte aber gibt es noch unter dem Namen Alte Roggenschenke. Als Inge Blum und ihr Mann Hans 1997 erfuhren, dass der Gasthof zur Krone in Roggenburg schließen sollte, überlegten sie nicht lange und kauften das Gebäude. Denn nach ihrer Meinung braucht jedes Dorf ein Wirtshaus, und es wäre schade gewesen, wenn dieses historische Gebäude mit seiner jahrhundertelangen Geschichte hätte aufgegeben werden müssen.

Eigentlich wollte Wirtin Inge Blum immer ein kleines Café besitzen, weil sie so gerne Kuchen bäckt. „Jetzt ist es halt ein wenig mehr geworden“, meint sie. Mit dem Kauf kam die Namensänderung. Man suchte einen etwas ausgefalleneren Namen, und so wurde aus der Krone die Alte Roggenschenke.

Viel Arbeit haben sich die beiden aufgeladen, denn das ganze Haus musste renoviert werden. Die Metzgerei, die hier fast 90 Jahre lang zu Hause gewesen war, verschwand. Dort, wo die Wurstküche war, baute man die Toiletten. Nach und nach wuchsen der Fernsehtechniker und die Einzelhandelskauffrau in ihre neue Aufgabe hinein, Schritt für Schritt wurden die Räumlichkeiten passend zum historischen Haus instand gesetzt. Dabei achteten die Blums genau darauf, den alten Charme des Hauses zu erhalten. Die Einrichtung in der Gaststube stammt noch aus der Renovierungsphase in den 1960er-Jahren, und der Saal behielt sein damaliges Aussehen bis heute.

Anfangs gab es nur eine kleine Speisekarte, da sich Inge erst einmal in ihrem neuen Beruf als Köchin zurechtfinden musste. Dieser behutsame Einstieg hat sich schließlich ausgezahlt. Die Alte Roggenschenke ist heute wieder eine beliebte Gastwirtschaft, die gerne von Stammtischlern, Gästen aus der Umgebung und Touristen aufgesucht wird. Sie verfügt über zwei Gasträume: die schlichte Gaststube mit angrenzendem Nebenraum und das Café. Zusätzlich gibt es noch den großen Festsaal und den schönen Biergarten, dieser von Inge und Hans liebevoll neu angelegt, denn ein gemütlicher Biergarten gehört einfach zur Wirtshauskultur. Ihr Freisitz wurde 2014 mit der Silber- und 2015 sogar mit der Goldmedaille der Biergartengemeinschaft für den Wettbewerb „Mein Lieblingsbiergarten“ ausgezeichnet – deutschlandweit!

Viele Dinge aus früheren Zeiten wurden bei den Renovierungsarbeiten gefunden, beispielsweise ein kleines aufklappbares Holzkästchen. Lange überlegte man, wofür es einst genutzt wurde. Eines Tages war ein Metzger unter den Gästen und erklärte dem Wirtspaar, dass damit früher Landjägerwürste in Form gepresst wurden. Scherzhaft meint Wirtin Inge, dass sie immer noch hoffe, irgendwo in den Mauern mit ihrer langen Vergangenheit einmal einen Schatz zu entdecken.

Links: Hereinspaziert! Die gute Stube hat sich den Charme der 1960er-Jahre bewahrt.
Unten: Das Wirtshausschild zeigt das stilisierte Wappen der ehemaligen Abtei Roggenburg: drei Roggenähren

Das gegenüberliegende Kloster des Prämonstratenserordens ließ das Gebäude 1670 als Wirtshaus für weltliche Besucher errichten. Neben dem Wirtshaus entstand ein Amtsgebäude. Mit der Säkularisation fielen 1802 alle Besitzungen des aufgelösten Klosters an den Bayerischen Staat. Nach den Grafen Spaur kauften 1853 die Grafen Mirbach-Geldern-Egmont die Gebäude, denen sie auch heute noch gehören. Das Amtshaus wurde 1911 zum Schloss umgebaut, das Wirtshaus verpachtet und schließlich 1992 verkauft. 1997 ging es dann an das Ehepaar Blum.

Genauso engagiert, wie sie sich mit dem Haus und seiner Geschichte auseinandergesetzt und es renoviert haben, verfahren sie bei der Bewirtung der Gäste. Ihre Speisekarte, die sie selbst als „bunt und fetzig" beschreiben, soll nicht bloß die Mahlzeiten auflisten, sondern auch ein wenig unterhalten, während man auf sein Essen wartet. Auf den mit bunten Bildern geschmückten Seiten findet sich ein Dutzend Fragen. Kann man alle richtig beantworten, besteht man das Wirtshausabitur.

Gekocht werden bodenständige Gerichte, wie Zwiebelrostbraten mit Spätzle, Lendchen mit Käsespätzle oder Cordon bleu mit Pommes oder Spätzle. Für Vegetarier gibt es zum Beispiel das „Schnippschnappgemüsebacki", ein aus Gemüse gebratenes Schnitzel mit Pommes und Salat. Jeden Tag, außer mittwochs, kommen die beliebten Schweinshaxen und das Halbe Göckel auf den Tisch. Mittwochs bäckt Inge auch noch Pizza nach Art des Hauses („Ächt schwäbische Heffadoigdort"). Für den kleineren Appetit kann man sogar eine halbe oder Viertel Pizza bestellen.

Eine Anekdote des Hauses erzählt vom „Bot von Ingstetta", einem Händler, der zufällig bei Renovierungsarbeiten an der Gaststube half und sich dabei so schwer verletzte, dass er daran verstarb. Um sein Andenken zu ehren, ließ man am Westgiebel ein Gemälde von ihm anbringen, welches leider in den 1970er-Jahren abgehauen wurde. Erst nachdem die Blums das Haus gekauft hatten, erfuhren sie, dass der Bot von Ingstetta Hans' Ur-Urgroßvater ist. Damit der Ahn nicht in Vergessenheit gerät, wollen Inge und Hans das Bild an der Fassade rekonstruieren lassen. Tradition verpflichtet schließlich!

Alte Roggenschenke

Hauptstraße 4
89297 Roggenburg

Telefon: 07300 / 5713

www.roggenschenke.de

Öffnungszeiten:
täglich
ab 10:00 Uhr
durchgehend warme Küche
Ruhetage:
Montag, Donnerstag

Gasthaus zur blauen Traube in Buch-Obenhausen

Als Djuro Didovi aus dem ehemaligen Jugoslawien im schwäbischen Illertissen gelandet war, hatte er eigentlich nicht vor, für immer hier zu bleiben. Doch dann kam alles ganz anders: Die Liebe ereilte ihn! Bei seiner Arbeit als Koch in der Jedesheimer Stuben lernte er seine heutige Frau Silvia kennen. Djuro änderte seine Pläne, und beide fingen an, sich hier eine gemeinsame Zukunft aufzubauen. Dazu gehörte auch der Traum von einem eigenen Wirtshaus. Die Suche führt schließlich 1991 im Nachbarort Obenhausen, das zur Verwaltungsgemeinschaft Buch gehört, zum Gasthaus zur blauen Traube in der Graf-Moy-Straße.

Der stattliche Bau entstand um 1800, gehört zum Schoss der Grafen Moy de Son und birgt innen viele rustikale Details

Das Adelsgeschlecht Moy de Sons entstammt dem französischen Uradel. Gegen Ende des 18. Jahrhunderts kam der erste Vertreter dieser Familie nach Deutschland. 1873 wurde Carl Graf Moy de Son von König Ludwig II. von Bayern mit Obenhausen belehnt und zog in das dortige Schloss. Ursprünglich war der herrschaftliche Sitz eine mittelalterliche Wasserburg. Durch Verpfändungen, Verkäufe und die Säkularisation wechselten über die Jahrhunderte mehrfach die Besitzer. Erst mit dem Einzug der Moy de Sons kehrte Ruhe auf dem Anwesen ein. Bis heute nennt die Familie das Schloss ihr Eigen und lebt auch dort.

Zum Schloss gehören mehrere Verwaltungsgebäude und ein Wirtshaus, die Blaue Traube. Das Gasthaus wurde um 1800 errichtet. Ob der Bau tatsächlich von Anfang an auf diese Weise genutzt wurde, ist nicht sicher. Allerdings belegen die sieben Meter tiefen Eiskeller, dass hier Bier gekühlt wurde. Eigentümer ist Karl Graf von Moy.

Das stattliche Gebäude fällt vor allem durch sein imposantes Aussehen, seine Lage direkt an der Straße und durch seinen Biergarten auf. Große Kastanienbäume beschirmen den gepflasterten Hof und überragen die Blaue Traube. Seit 2016 steht im Außensitz ein Pizzaofen, auf dessen Anschaffung Wirt Djuro sehr stolz ist. Denn so gibt es immer etwas Heißes zu sehen, während die Gäste ihr kühles Bier im Garten genießen. Unser Blick versenkt sich in eine abwechslungsreiche Speisenkarte. Neben klassischen bayerischen Gerichten serviert Djuro auch kroatische Köstlichkeiten – und natürlich nun auch Pizza. Wenn der Wirt um 17 Uhr seine Türen öffnet, dauert es nicht lange, bis die ersten Gäste hereinspazieren und sich lustvoll der Qual der Wahl hingeben: bayerisch oder kroatisch? Zur Auswahl stehen unter anderem Schweine- und Sauerbraten, Jägerschnitzel, Schweinelendchen und Rumpsteak – oder doch lieber Ćevapčići, Ražnjići oder ein Räuberspieß, jeweils mit Pommes, Djuwetschreis und Krautsalat? Djuros Devise ist einfach: leckeres Essen in großen Portionen. Satt wird man in der blauen Traube auf jeden Fall. Mutige sollten einmal ausprobieren, ob sie eine ganze Portion Schnitzel Wiener Art bewältigen. Zum Glück kann man einige Gerichte auch als kleine Portionen bestellen. Man kommt jedoch nicht nur wegen des guten Essens in die Blaue Traube, sondern auch wegen des Wirts: Dem ist der Kontakt zu seinen Gästen und Lieferanten besonders wichtig, und so nimmt er sich immer Zeit für ein kleines Schwätzle mit seinen Besuchern und setzt sich gerne mit an den Tisch. Wirtin Silvia packt auch mit an. Nach ihrer Arbeitsschicht kommt sie abends noch in die Gastwirtschaft. Ohne sie würde das alles gar nicht funktionieren, meint der gelernte Koch.

Als das Ehepaar 1991 das Wirtshaus eröffnete, fing man langsam an. Aber schnell wurde klar, dass die bestehenden Räumlichkeiten nicht ausreichten. Immer wieder mussten Gäste weggeschickt werden, weil sie keinen Platz bekamen. Nach und nach kamen zwei kleine Nebenräume hinzu. Der Biergarten musste insgesamt dreimal erweitert werden.

Zum Glück entschied sich Djuro damals, hier in der Gegend zu bleiben, denn so erhielt die Blaue Traube motivierte Wirtsleute und Obenhausen ein gut geführtes und gefülltes Wirtshaus mit internationaler Speisekarte.

Gasthaus zur blauen Traube

Graf-Moy-Straße 15
89290 Buch-Obenhausen

Telefon: 07343 / 6363

www.blaue-traube-obenhausen.de

Öffnungszeiten:
Montag, Mittwoch–Freitag
17:00–24:00 Uhr
Samstag 11:30–14:00 Uhr
und 17:00–24:00 Uhr
Sonntag 10:00-15:00 Uhr
und 17:00–24:00 Uhr
Ruhetag: Dienstag

21

Gasthof Krone in Illertissen

Dass Jürgen Willer Koch werden würde, war für den gebürtigen Illertissener schon klar, als er noch ein kleiner Bub war. Dass er heute Wirt und Küchenchef im Gasthof Krone in seinem Heimatort ist, bedeutet nicht nur für ihn die Erfüllung eines lang gehegten Traums, sondern auch für die Region eine kulinarische Bereicherung auf handwerklich höchstem Niveau.

Bevor sich Jürgen Willer in seinem Wunschobjekt in Illertissen niederließ, führte ihn seine Aus- und Weiterbildung weit in der Welt herum. Auf die Lehre im Bundesbahnhotel in Ulm und eine Konditorausbildung in der Ulmer Konditorei Ströbele folgten weitere wertvolle Jahre in den Niederlanden, der Schweiz, Italien und Südafrika. Dort ging der bodenständige Schwabe bei einem Landeswettbewerb im Bereich der Drei- bis Fünf-Sterne-Hotels unter 600 Teilnehmern als Sieger hervor und erhielt den Titel des besten Kochs des Staates Südafrika. 1986 kehrte er in die Heimat zurück und übernahm hochdekoriert den historischen Gasthof Krone, für den er schon von klein auf schwärmte. Trotz der Auszeichnung und des hohen Medieninteresses ist Jürgen Willer ganz der Alte geblieben und steht mit

Chic und Charme bilden den richtigen Rahmen für die gehobene regionale Küche

beiden Beinen fest auf dem Boden. In der Krone serviert er seinen Gästen gehobene regionale Küche mit mediterranem Einschlag. Qualität und Frische der Lebensmittel haben bei ihm oberste Priorität, mit seinem Können verwandelt er sie in appetitliche Schmankerln der bayerisch-schwäbischen Kulinarik. Traditionelle Speisen mit Leber oder saure Nierla kommen bei ihm nicht zu kurz, genauso wenig wie originelle Fischgerichte mit Zander, Hecht oder Flusskrebs aus der Iller. Die unentbehrlichen Spätzle werden mit Dinkelmehl zubereitet, was ihnen eine angenehm nussige Note verleiht. Kräuter und Salate kommen vom Illertissener Markt und das Kotelett liefert das Schwäbisch-Hällische Eichelschwein. Seit August 1999 steht Willers Schwester Kerstin mit am Herd. Auch sie blickt auf einen internationalen Werdegang zurück und ist als Patisseurin in erster Linie für die verführerischen Desserts zuständig.

Das Gasthaus selbst hat vom Einzug der Willer-Geschwister nur profitiert. War es zuvor eine einfache Bierwirtschaft, in der man höchstens eine Hausmacherbrotzeit bekam, so hat es sich seit 1986 als gediegene Speisegaststätte etabliert. Schon rein äußerlich schürt das gepflegte Anwesen aus der zweiten Hälfte des 17. Jahrhunderts mit schmuckem Fachwerkgiebel Vorfreude auf das, was innen kommen mag. Besonders die üppige Bepflanzung fällt ins Auge. Im Biergarten links neben dem Wirtshaus sitzt man in grünen Nischen und Winkeln, umgeben von Blüten und Ranken, und vergisst nur allzu gern die Zeit, zumindest für ein Weilchen.

Die Räumlichkeiten im Inneren warten stilvoll und unprätentiös mit traditioneller Gastlichkeit auf. Schon immer war das Haus Gaststätte, früher mit Brennerei und Metzgerei. Einst war es die Herberge der Klopferzunft. Vom Schmied über den Schlosser, den Wagner und den Schreiner bis zum Dreher und Maurer kamen hier alle zusammen, die ihr Handwerk mit dem Hammer verrichteten. Die Ausstattung der Hauptstube, auch genannt Vöhlin-Stube nach der Memminger Patrizierfamilie, die die Geschicke Illertissens über Jahrhunderte maßgeblich bestimmte, repräsentiert den bürgerlichen Stil der 1930er-Jahre. Für 40 Gäste ist Platz in dem holzvertäfelten Raum mit knarzendem Dielenboden, querlaufenden Deckenbalken und umlaufender Bank. Die massiven Tische sind einladend und originell eingedeckt. Am Stammtisch kommen am Sonntag in alter Tradition nach der Messe die Bauern aus der Gegend zusammen. Familie Vogt, die Eigentümer der Krone und Seniorchefin der Vogtmühlen Illertissen, legt großen Wert auf den Erhalt dieser Tradition und lässt es sich nicht nehmen, die ortsansässigen Landwirte regelmäßig zum Essen einzuladen. Aber auch viele andere Gäste machen Jürgen Willer und seinem Team wiederkehrend ihre Aufwartung. Montags gibt es sogar noch einen Kartenspielerstammtisch.

Die elegante Kronen- oder Amtsrichter-Stube bietet Platz für 30 Gäste. Früher hatte der Amtsrichter, der nebenan im Rathaus seinen Geschäften nachging, hier einen Aufenthaltsraum. Die rötliche Holzdecke mit feiner Maserung unterstreicht den würdevollen Charakter. Näherer Betrachtung sind vor allem die Bilder an den Wänden wert: Unzweifelhaft dominiert ein großformatiges Kunstwerk, das den Chef des Hauses und sein Lieblingsstück, den imposanten Molteni-Herd, auf unkonventionelle Weise porträtiert.

Die langgestreckte Bar, die an die Vöhlin-Stube angrenzt, war früher das übliche Fernseh-Nebenzimmer, wie wir es aus so vielen Wirtschaften kennen. Heute ist es eine ansprechende Stube mit apartem Chic, die schon beinahe an ein Kaffeehaus erinnert. Hier – aber auch in den anderen Räumlichkeiten – wird die Schweine-Sammelleidenschaft des Wirts besonders deutlich.

Wer nun neugierig geworden ist auf Jürgen Willer, seine frische Küche und sein charmantes Wirtshaus, dem bleibt nur eins: auftanken, einsteigen, losfahren. Ab auf die A7, Ausfahrt Illertissen. Und wer weiß? Vielleicht zählen Sie dann auch bald zu den Stammgästen im Gasthof Krone.

Wenn man genau hinsieht, entdeckt man auf der Fotocollage den Koch Jürgen Willer auf seinem Kultofen Molteni

Gasthof Krone

Auf der Spöck 2
89257 Illertissen

Telefon: 07303 / 3401

www.krone-illertissen.de

Öffnungszeiten:
Montag, Dienstag,
Freitag, Samstag
11:30–14:00 Uhr
und 17:30–21:30 Uhr
Sonntag
11:30–14:00 Uhr
und 17:30–21:00 Uhr
Ruhetage:
Mittwoch, Donnerstag

22

Hotel Schreiegg's Post in Thannhausen

Der Fluss Mindel entspringt westlich von Kaufbeuren, durchquert in exakt nördlicher Richtung das Unterallgäu, bevor er nach nur 78 km Länge bei Gundremmingen in die Donau mündet. Gespeist wird er aus zahllosen kleinen Zuflüssen und angestauten Seen dieser sehr wasserreichen Region – und wo es Flüsse und Quellen gibt, da lässt es sich auch gut Bier brauen!

Der Stadt Mindelheim an der Autobahn von München nach Memmingen hat der Fluss seinen Namen gegeben; wenn man ihm ein paar Kilometer weiter nach Norden folgt, kommen wir in die Gemeinde Thannhausen. Ursprünglich zum Hochstift Augsburg gehörig, ging der Markt Mitte des 17. Jahrhunderts an das oberösterreichische Grafengeschlecht Sinzendorf und später an die oberschwäbischen Grafen von Stadion, bevor die gesamte Region 1805 zu Bayern kam. Die regelmäßigen Gebietsverkäufe und die napoleonische Neugliederung der Voralpenregion bescherten den Menschen regelmäßige Herrscherwechsel, und vielleicht deswegen orientierte man sich stark an der über allem stehenden Kirche. Diese war insbesondere für die Schulausbildung zuständig, und so kam 1796 der junge Priester und Schullehrer Christoph von Schmid nach Thannhausen, dem man hier ein Denkmal vor dem alten Rathaus gesetzt hat. Er wurde bekannt als Autor zahlreicher religiöser Theaterstücke,

Kinder- und Jugendbücher und Texte zu Kirchenliedern – uns allen bekannt ist „Ihr Kinderlein kommet", das er 1789 als junger Kaplan in Mindelheim schrieb und 1811 in Thannhausen veröffentlichte.

Wie so viele schwäbische Orte hatte auch Thannhausen früher gleich mehrere Wirtshäuser mit angeschlossenen Brauereien – eines davon war der Schwarzadler-Wirt, benannt nach dem österreichischen Wappentier. Als dieser 1872 zur Poststation wurde – in Thannhausen kreuzten sich zwei wichtige Postrouten von Nord nach Süd und West nach Ost –, erhielt das Wirtshaus seinen neuen Namen Zur Post. Ab 1890 nannte man sich „Königlich-bayerische Posthalterei"; die Original-Urkunde ist am Tresen zu bewundern. Der Gasthof umfasste Wirtschaft, Brauerei, Ställe für die Postpferde und ein Gesindehaus. 1911 suchte man für die Brauerei ein größeres Grundstück vor der Stadt, woraufhin das Wirtshaus ausgebaut und erweitert werden konnte. Seit jener Zeit ist das Haus auch in Familienbesitz. Zur Unterscheidung von den vielen anderen gleichnamigen Gasthöfen benannte man es später in Schreiegg's Post um. Die Brauerei Postbräu ist noch heute mit einer Auswahl an hellen Bieren und Mineralwässern aus der eigenen Quelle aktiv.

Der sehr stattlich wirkende dreigeschossige Satteldachbau aus dem 19. Jahrhundert hat in seinem vorderen Drittel die historische Substanz bewahrt. Den hinteren, ursprünglich niedrigeren Teil hat man in den 1990er-Jahren im Rahmen einer Generalsanierung des Hauses auf die gleiche Höhe aufgestockt wie die Giebelseite zur Straße hin. Daraus ist ein großer, geschlossener Baukörper entstanden, der heute Restaurant, Hotel und Tagungsräume beheimatet.

Schreiegg's Post ist heute eine gelungene Mischung aus historischem Gasthaus und modernem Tagungshotel mit gehobenem Restaurantstandard. Die verschiedenen Gasträume – das Postzimmer,

Oben: Ein prächtiges Balkongitter mit dem Doppeladler als Erinnerung an die österreichische Vergangenheit des einstigen Schwarzadler-Wirts.
Rechts: Das Postzimmer mit Kamin

Postzimmer

das Biedermeierzimmer, die Bräustube und das Jagdzimmer – sind den Themen entsprechend eingerichtet und möbliert. Besonders historisch ist hier natürlich die Bräustube, die von einem großen offenen Kamin dominiert wird. Die Wände sind mannshoch mit dunklem Holz vertäfelt, und die Decke zieren große Holzkassetten, die mit Landschaftsmotiven aus der Umgebung bemalt sind. Im Keller befindet sich noch ein großer Veranstaltungsraum im originalen Gewölbe der früheren Mälzerei.

Pächter von Schreiegg's Post sind seit 2010 René und Julia Nicke. Sie führen das Haus mit Liebe und Engagement, was man dem detaillierten Schmuck der Tische und Räume ansehen kann. Das Restaurant bietet schwäbische und internationale Küche, eigenes Rotwild sowie Ente in verschiedenen Variationen – dies eine Art Steckenpferd von Koch René Nicke. Passend zur Bräustube gibt es aber auch die typisch bodenständigen schwäbischen Gerichte, wie den Brotzeitteller, bayerischen Wurstsalat oder einen Strammen Max. Zum Ausschank kommen natürlich das helle Thannhausener Postbräu oder die über die Region hinaus bekannten Biere der verbundenen König-Ludwig-Brauerei. Im Sommer lockt zudem der schattige Kastanien- oder Biergarten.

Wer nach dem Genuss all dieser Annehmlichkeiten keine rechte Lust mehr hat, direkt auf die Autobahn zurückzukehren und seine Reise fortzusetzen, dem bietet Thannhausens Post-Gasthof oder – wie er heute heißt – Schreiegg's Post als Hotel die Möglichkeit zur gepflegten Übernachtung.

Die historische Bräustube mit Kamin

Hotel Schreiegg's Post

Postgasse 1
86470 Thannhausen

Telefon: 08281 / 99510

www.schreieggs-post.de

Öffnungszeiten:
täglich 12:00–14:00 Uhr und 18:00–21:30 Uhr
Ruhetag: Montag

Gasthof zum Adler in Kirchheim

Das Wahrzeichen des Marktes Kirchheim ist ohne Zweifel das Fuggerschloss. Der Augsburger Kaufmann Anton Fugger erwarb 1551 die Herrschaft Kirchheim, ließ von 1578 bis 1587 die mittelalterliche Burg abreißen und errichtete an selber Stelle das bis heute alles im Umkreis überragende, imposante Schloss. Nur einen Steinwurf entfernt, am Marktplatz, steht das Gasthaus zum Adler. Der ursprüngliche Bau war bereits 1583/84 als fugger'sches Gasthaus zum Adler errichtet und 1728 nach einem Brand wieder aufgebaut worden. 1859 wurde die Wirtschaft an die Gemeinde veräußert und zur St. Leonhards-Apotheke umfunktioniert. Im Gegenzug erfuhr der Zehentstadel am Marktplatz einen Umbau zum Gasthaus. Das Gebäude schließt den Marktplatz in östlicher Richtung ab und ist unmittelbar im rechten Winkel mit der ehemaligen fürstlichen Domänenkanzlei an der Nordseite

Wer nicht kañ Spaß versteh'n
Muß nicht unter Leute geh'n!
Res non verba
Gott und Maria!

Links: Das Künstlerzimmer mit Einrichtung und Dekorationsmalerei von 1890

des Marktplatzes verbunden. Ein schöner Ausleger mit goldenem Doppeladlerschild aus der Zeit um 1800 weist dem Gast den Weg. Seit April 2015 führen die beiden aus Tschechien stammenden Gastronomen Josef Svoboda und Milan Havranek den Traditionsgasthof. Svoboda kümmert sich um den Service, Havranek waltet am Herd, und gemeinsam bieten sie ihren Gästen eine gutbürgerliche, bayerisch-böhmische Küche, Gemütlichkeit und vor allem jede Menge authentische Herzlichkeit.

Ein Anruf von Rudolf Freiherr von Erffa, Dämonenverwalter der fugger'schen Besitztümer in Kirchheim, überzeugte Svoboda, seine langjährige Anstellung im Park Café in München zu beenden und sich der anspruchsvollen Aufgabe im beschaulichen Kirchheim zu widmen. Und vielleicht spielte bei seiner Entscheidung auch die Tatsache eine Rolle, dass Angela Fürstin Fugger von Glött, die 80-jährige Bewohnerin und Verwalterin des 52-Zimmer-Anwesens in der Nachbarschaft, zu den regelmäßigen Gästen des Adlers gehört. Wer kann schließlich schon behaupten, dass die direkten Nachkommen der einst reichsten Großkaufmannsfamilie der Welt bei ihm Stammgast sind?

Einen festen Sitzplatz hat die Fürstin jedenfalls in der Fuggerstube, einer gemütlichen, kleinen Gaststube rechter Hand des Haupteingangs mit Platz für rund 45 Personen, einem gekachelten Boden, einer umlaufenden Sitzbank und einer kleinen Theke. Die deutlich größere und moderne Theke des Vorpächters wurde von Svoboda und Havranek aus ästhetischen Gründen gegen das etwas dezentere Vorgängerexemplar ausgetauscht. Die beiden sympathischen Pächter fanden sie in einem der zahlreichen Zimmer des ehemaligen Zehentstadels und polierten sie auf. Auf der Frontseite der Theke ist groß in Schwarzweiß das Fuggerschloss abgebildet; es ist kaum vorstellbar, dass vorher ein hochmoderner Ausschank ihren Platz eingenommen haben soll. Schauen wir uns um, entdecken wir auf den Fensterbänken einige Zinnteller, etwas Porzellan sowie die obligatorischen Blumen. Etwas ausgefallener erscheint uns eine Wandgarderobe aus zu Haken gebogenen Löffeln.

Durch die Fuggerstube gelangt man in das Künstlerzimmer, das mit seinem dunklen Holzboden, der Holzdecke und dem rustikalen Holzmobiliar Geschichte förmlich zu atmen scheint und damit einen schönen Kontrast zur hellen Fuggerstube bildet. Das Holzinterieur stammt aus dem Jahr 1890, ebenso die historische Dekorationsmalerei des Kirchheimer Malers Sylvest Striebel an den Wänden. Sprüche wie „Rede wenig, rede wahr, trinke mäßig, zahle bar“ in altdeutscher Schrift an allen vier Wänden haben hier schon Generationen von Gästen zum Schmunzeln und Nachdenken animiert. Der Name sagt schon, dass das Zimmer von jeher als Treffpunkt für Künstler konzipiert war – das gehört zu den Kennzeichen solcher Etablissement jener Zeit –, und das ist bis heute so geblieben,

Ausleger mit Doppeladlerschild aus der Zeit um 1800

etwa für den Theater- und den Musikverein. Zur Dekoration dient unter anderem eine alte, fest an die Wand montierte Standuhr; an den Wänden hängen Bilder vom Schloss oder passend ein Porträt von Anton Fugger, dem Begründer der Dynastie. Und neben dem Bild des unvorstellbar, ja märchenhaft reichen „Augschburger" Kaufmanns hängt – dezent in der Ecke, irgendwie ein Sinnbild für den gelungenen Versuch der Pächter, das Alte zu bewahren und sich trotzdem persönlich einzubringen – ein Hochzeitsfoto von Milan Havraneks Großeltern.

Wen's ins Freie drängt: Aus dem Künstlerzimmer gelangen wir in den Biergarten. Hier finden rund 120 Menschen unter einem für einen Biergarten untypischen alten Ahornbaum ein schattiges Plätzchen. Eine eigene Zapfanlage im Außenbereich ermöglicht die unkomplizierte Bewirtung des Gartens, an dessen Rand eine kleine Bühne für Musikgruppen bereitsteht.

Eine weitere Gaststube im Erdgeschoss ist das Herrenzimmer auf der linken Seite des Haupteingangs. Der Raum wurde erst vor etwa 20 Jahren eingerichtet, bietet Platz für 30 Personen und ist optimal für kleinere Feiern und Veranstaltungen geeignet. Ein großes, fast bodentiefes Fenster erhellt das ansonsten in Weiß und dezentem Braun gehaltene, moderne Zimmer.

Eine zweiläufige Treppe mit Holzbalustergeländer aus dem 18. Jahrhundert führt in den ersten Stock des Hauses und damit zum imposanten Saal des Adlers. Der ebenfalls um 1890 eingerichtete Fuggerfestsaal besitzt eine neubarocke, stuckierte Korbbogentonne und einen bis auf die Tanzfläche originalen Holzboden; er fasst bestuhlt gut 200 Personen. Die große Bühne am Kopfende des Saals wird sowohl vom Theaterverein als auch für Konzerte rege genutzt. Der eigene Ausschank sorgt auch hier bei großen Veranstaltungen wie Bürgerversammlungen, Hochzeiten oder Firmenfeiern für einen schnellen Service.

Gasthof zum Adler

Marktplatz 3
87757 Kirchheim

Telefon: 08266 / 8693489

www.adler-kirchheim.de

Öffnungszeiten:
Dienstag–Samstag
11:00–22:00 Uhr
Sonntag
10:00–20:00 Uhr
Ruhetag: Montag

Landgasthof zum grünen Kranz in Grossaitingen

Der Grüne Kranz in der Gemeinde Großaitingen ist geradezu das Paradebeispiel eines familiengeführten Traditionsbetriebs. Seit dem Jahr 2010 lenkt der Restaurantfachmann und Barkeeper Bernhard Weis in vierter Generation die Geschicke der Gastwirtschaft, die nach der Chronik des Hauses bereits seit dem 27. August 1867 im Besitz seiner Familie ist. Damals erwarb sein Urgroßvater, Aloys Weis aus Schwabmünchen, das stattliche Gebäude für 13 850 Gulden. Es wurde im Jahr 1660 errichtet und ist damit eines der ältesten im ganzen Ort. Das Erbauungsdatum steht bis heute im Giebel des zweigeschossigen Satteldachhauses. Im Laufe seiner langen Geschichte beherbergte das Gebäude neben der Gastwirtschaft auch eine Brauerei, eine Branntweinbrennerei, eine Bäckerei und eine Metzgerei und wurde mit dem Kauf außerdem zum Wohnhaus für die folgenden Weis-Generationen. Heute befindet sich das Haus im Besitz von Alois Weis, Bernhards Vater, der in den Jahren 1968, 1971 und 2012 Renovierungen durchführte. 1994 wurden die Küche, die Gaststube mitsamt der Bar und das Restaurant umgebaut und neu gestaltet.

Durch die zahlreichen Umbauten in den letzten Jahrzehnten ist zwar, abgesehen vom Gebäude selbst, nicht mehr viel Historisches im Grünen Kranz erhalten, dafür strahlt das Haus im Ortskern aber wie vermutlich selten in seiner 350-jährigen Geschichte. Außen sorgte dafür die Fenster- und Fassadensanierung 2012, bei der die Außenwand einen weiß-beigen Anstrich be-

Der Giebel zeigt die Daten der Erbauung und der Renovierungen des Hauses

Zeitgemäße Einrichtung und prämierte Qualität zeichnen den Gasthof aus

kam und die Holzsprossenfenster komplett erneuert wurden. Im Inneren offenbart sich der Grüne Kranz seinen Gästen in einer historisch-modernen Melange: Während die Theke und die Einrichtung der eines modernen Wirtshauses entsprechen, stammen sowohl die Deckenbalken in der Gaststube als auch der Fliesenboden im Eingangsbereich aus dem 17. Jahrhundert. Gleiches gilt für den großen Steinquaderboden im hinteren Teil des Hauses, wo die Sanitäreinrichtungen liegen. Auch er ist bereits über 350 Jahre alt. Das Mobiliar besteht im Gastraum aus hellem Holz und einer in Blautönen gepolsterten Sitzbank unterhalb der Fensterfront.

Neben der Gaststube verfügt der Grüne Kranz über einen zweiten, größeren Restaurantteil. Der Anfang dieses Jahrhunderts renovierte Gastraum gehörte noch bis spät in die 1960er-Jahre zum Wohnbereich der Familie und eignet sich heute sowohl für das Tagesgeschäft als auch für Feiern und größere Veranstaltungen. Unter den verkleideten Deckenbalken finden hier bis zu 70 Gäste einen Platz. Tische und Stühle sind dunkel lackiert und stehen in einem sehr eleganten Kontrast zu den weiß gedeckten Tischen und den strahlend weiß getünchten Wänden. Da sich eine waschechte Wirtshausfamilie niemals allzu weit vom eigenen Gasthaus entfernt, leben die Weisens im ausgebauten und modernisierten Stadel jenseits des Innenhofs. In diesem Hof lädt in den warmen Monaten der Biergarten des Hauses zur Rast. Traditionell spenden große Kastanien hier kühlenden Schatten, und eine kleine Holzburg mit Rutsche sorgt für Abwechslung bei den kleinen Gästen.

Und so ist der Landgasthof zum grünen Kranz in Großaitingen dank Familie Weis – wie schon seit Jahrhunderten – ein Zentrum des gesellschaftlichen Lebens, und Bernhard Weis sorgt mit seinem Team dafür, dass das auch künftig so bleibt. Seit er sich entschieden hat, die Gastronomie seiner Eltern weiterzuführen, hat sich die Kunde von der gutbürgerlichen, bayerisch-schwäbischen Küche mit dem gewissen Pep längst über die Grenzen der Gemeinde hinaus herumgesprochen. In den

Jahren 2010 bis 2013 belegte der Landgasthof beim Gastronomiepreis Bayern jeweils den 2. Platz in der Kategorie „Landgasthof und gutbürgerliche Küche“, bevor er 2014 mit Platz 1 den Gipfel erklomm. Die Gäste können heute zwischen Zanderfilet mit saisonalem Gemüse und hausgemachten Kartoffelrösti mit Räucherlachs genauso wählen wie zwischen Vitalsalat und dem Schwäbischen Zwiebelrostbraten. Außerdem bietet die Küche jeden Dienstag, dem Schnitzeltag, sechs verschiedene Arten des Klassikers an, darunter eine Variante mit Meerrettichsauce und Basmatireis sowie eine mit Bärlauchsoße und Tagliatelle. Hauptsache, die Zutaten sind frisch und qualitativ hochwertig, denn aus der Tüte kommt im Grünen Kranz nach Angaben von Bernhard Weis nichts. Und dass hier nicht nur das Essen passt, sondern auch das Drumherum, zeigt die Auszeichnung „Gastro-Diamant Europa“, die das Haus für Servicequalität und Gastfreundschaft erhalten hat.

Der Gasthof befindet sich seit 1867 in Familienbesitz

Landgasthof zum grünen Kranz

Lindauer Straße 7
86845 Großaitingen

Telefon: 08203 / 952405

www.landgasthof-gruener-kranz.de

Öffnungszeiten:
Montag–Sonntag
11:00–23:00 Uhr
Warme Küche
11:00–14:00 Uhr
und 17:00–21:00 Uhr
Ruhetage:
Mittwoch, Donnerstag
(außer bei Veranstaltungen)

Brauerei-Gasthof-Hotel Laupheimer in Westerheim-Günz

In der Uraufnahme, der ersten systematischen Vermessung des Königreichs Bayern, die zwischen 1808 und 1864 durchgeführt wurde, erscheint das Anwesen Nr. 3 an der Dorfstraße in Günz, einem Ortsteil der Gemeinde Westerheim, knapp zehn Kilometer nordöstlich von Memmingen, als einfaches Wohnstallhaus. Es ist nicht zu erkennen, dass hier bereits seit 1413 eine Taverne nachweisbar ist. Von 1611 bis 1803 war das Haus mit dem bezeichnenden Namen Wirth ein Lehen des rund siebeneinhalb Kilometer südlich gelegenen Benediktinerinnenklosters St. Anna, heute Kloster Wald. Auch in der nachklösterlichen Zeit blieb das Wirtshaus bestehen, wurde jedoch 1848 bis 1850 von dem Memminger Bürger Sigmund Paul von Schütz durch einen Neubau ersetzt. Mit dem Anspruch eines städtischen Herrenhauses auftretend, will es nicht recht in ein Bauerndorf passen, dieses stattliche, dreigeschossige Walmdachhaus mit den sich eng aneinanderreihenden Fenstern, mit acht Achsen, zwei Eingängen über einer Vortreppe und einem Zwerchhaus zur Straße, sieben Achsen auf der Schmalseite und dem hohen Erdgeschoss mit kräftiger

Putzrustika. So großzügig wie außen präsentiert es sich auch innen mit dem breiten Mittelfletz, an den sich die Gaststube und die Nebenzimmer reihen und von dem aus eine alte Wendeltreppe aus dem 16. Jahrhundert in die Obergeschosse führt, die aus Kloster Wald stammt, mit wunderbar knarzenden Stufen und einem in dieser Größe höchst selten erhaltenen Schmiedeeisengeländer der frühen Renaissance.

Das Wirtsehepaar Martin und Angela Laupheimer empfängt uns in der Gaststube. Der Küchenmeister regiert einen überaus leistungsfähigen Betrieb, der im Feststadel hinter dem Haus ohne weiteres 480 Personen versorgt und der auch nicht davor zurückschreckt, europaweit Catering-Leistungen anzubieten, bei denen Tausende von Gästen zugleich zu bewirten sind. Frau Angela indes erledigt die Buchhaltung und ist für die elegant-unaufdringliche Dekoration zuständig. Die Nachfolge ist gesichert, denn drei der vier Kinder – Anna, Maria und Markus – sind jetzt schon im Familienbetrieb tätig.

Die Laupheimers waren über Generationen im württembergischen Laupheim als Gerber ansässig. Martin Laupheimer vertritt die vierte Generation des Günzer Zweigs der Familie, der 1888 das Anwesen mit Gastwirtschaft, Brauerei und Landwirtschaft übernahm und im Lauf der Zeit aus der einstigen klösterlichen Tafernwirtschaft einen stattlichen Brauereigasthof machte.

Die Gaststube wirkt noch wie im Urzustand des mittleren 19. Jahrhunderts, mit ihren stichbogigen Fenstern, halbhohen Wandvertäfelungen, den schlichten Tischen und Stühlen. Aus zwei großen alten Fotos schauen die Ureltern streng-wohlwollend dem Wirken ihrer Nachkommen zu. Der Rundgang durch das Haus dauert seine Zeit. Im rückwärtigen Teil sehen wir das Bräustüble, einen vierjochigen Gewölberaum mit gedrungener Mittelstütze, die ehemalige Abfüllerei. Dahinter steht noch die frühere Brauerei mit ihrem Schienengewölbe und dem alten Braukessel.

Unten: Die Gaststube hat den Stil der ursprünglichen Einrichtung Mitte des 19. Jahrhunderts bewahrt

Weiter geht es in das Nebenzimmer mit seinen stichbogigen Durchgängen, hoch vertäfelt, die Tür mit diamantierten Füllungen, edel wirkend und für Familienfeiern bestens geeignet. Wer es kleiner haben möchte, kann das Herrenzimmer im ersten Obergeschoss wählen, das sich jederzeit zum Seminar- und Schulungsraum umbauen lässt. Immerhin 160 Personen passen in den Festsaal, der ebenfalls einen Teil des ersten Obergeschosses einnimmt. Im zweiten Obergeschoss befinden sich neun renovierte Hotelzimmer.

Bleibt in einem so großen Betrieb denn noch Zeit für die gemütliche Gastlichkeit? In der Tat, wir überzeugen uns davon, denn es gibt viele Stammgäste und Stammtische, die Atmosphäre ist herzlich und freundlich. Die Laupheimers verstehen ihr Haus immer noch als Dorfwirtschaft.

Wie er seine – mit hohen Auszeichnungen geehrte – Küche charakterisieren würde? Martin Laupheimer zögert nicht: gutbürgerlich-gehoben. Alle Waren stammen vorwiegend von regionalen Erzeugern, vom Bäcker vor Ort, das Gemüse von einer Gärtnerei in Memmingen, das Wild aus den hiesigen Wäldern und aus einem Hirschgehege in der Dickenreiser Einöde. Hier lässt es sich traditionsreich speisen: von allerlei rustikalen Schmankerln wie Flädlesuppe, hausgemachten Maultaschen oder Allgäuer Kässpätzle bis hin zu kreativen Köstlichkeiten wie getrüffelter Kartoffelsuppe, Lachsforelle, Thymianrisotto mit Feta oder Rinderlendensteak.

Und dann gibt es die Wildwochen, die Spargelwochen, die Fischwochen, die Schnitzel- und Kartoffelwochen … Wir mögen eigentlich gar nicht weg, bevor wir nicht die ganze Speisekarte durchprobiert haben.

Links: Das Treppengeländer aus dem 16. Jahrhundert stammt aus dem Kloster Wald.
Oben: Bick in das Bräustüble

Brauerei-Gasthof-Hotel Laupheimer

Dorfstraße 19
87784 Westerheim-Günz

Telefon: 08336 / 7663

www.laupheimer.de

Öffnungszeiten:
07:30–23:00 Uhr
Warme Küche
11:30–14:00 Uhr
17:30–21:30 Uhr

Weber am Bach in Memmingen

Die Altstadt der ehemaligen Salzhandelsstadt Memmingen muss man zu Fuß erkunden – sie wird durchzogen von der Memminger Ach (mittelhochdeutsch für Bach oder kleiner Fluss), einem kleinen Nebenfluss der Iller. Hier siedelten sich früh schon die Weber und Gerber an, die für ihr Gewerbe ständig frisches Wasser benötigten. Die sogenannte Wasserkunst, ein ruhig fließendes Gewässer ohne Hochwassergefahr in die Städte zu bringen, war schon im Mittelalter eine besondere Wissenschaft der Stadtplaner. In Memmingen gilt die Ach daher als eines der sieben Wahrzeichen der Stadt.

Links: Die Giebelseite zieren Fresken und ein altes Stadtwappen von 1631.
Unten: Wand- und Deckenbilder auch in der Gaststube

Auch ein Gasthaus gibt es selbstverständlich an der Ach. Der heutige Name Weber am Bach geht auf einen der früheren Wirte, Gottfried Weber, zurück, der ab 1901 hier ansässig war. Ein Lokal, genauer gesagt eine Weinstube, war das Haus aber bereits seit dem Revolutionsjahr 1848, als der Weinschenk Espenmüller hier die Weinstube zu den drei Mohren eröffnete – die an der Hausecke als Bronzeplastik noch zu bewundern sind. Von 1572 bis um 1830 war das heutige Gasthaus der sogenannte Almosenkasten der Stadt, also eine Art öffentliche Suppenküche, und davor seit wohl 1320 die Lateinschule. Somit hat das Gebäude eine 700-jährige Geschichte, die man ihm aufgrund der behutsamen Renovierungen noch ansieht: Das zweistöckige Satteldach steht längs des Stadtbachs, die zur Straße ausgerichtete Giebelseite tritt im Obergeschoss etwas vor. Die außen sichtbaren Kragbalken der überhängenden Zwischendecke sind mit Figuren aus der Stadtgeschichte – möglicherweise von dem Memminger Bildhauer Max Pöppel (1909–89) – verziert. Wettergeschützt unter dem überhängenden Dachgeschoss finden sich ein altes Memminger Stadtwappen von 1631 und ein noch älteres Fresko, das einen Mönch mit einem aufgeschlagenen Buch zeigt und damit vielleicht auf die alte Lateinschule im Haus verweist.

Das Innere der heutigen Lokalität besteht aus mehreren kleinen Stuben. Herzstück ist die Weinstube mit deckenhoher Holztäfelung, Blattgold-Verzierung und altem Holzboden. An der Decke sind Teile einer Weinranken-Bemalung zu sehen. Die ehemalige Küche – heute befindet sich hier eine ansprechende Lobby – wird von einer Trennwand aus Holz und Glas abgegrenzt; die Scheiben im Inneren zeigen neben bleiverglasten Fensterbildern auch modernere Glasschleifereien der Jahreszeiten.

Das Wallensteinzimmer ist mit einem Tonnengewölbe und modernen Fresken ausgestattet; in anderen Stuben zieren Wandgemälde zur Stadtgeschichte und viele Ausstattungsdetails vergangener Zeiten die Wände – ein in jeder Hinsicht authentisches und einladendes Ambiente!

Links: Der große Speiseraum der Weinstube.
Rechts: Drei Mohren – der frühere Wirtsname seit 1848.
Unten: Der Herbst als Fensterbild in der Gaststube

Das Weber am Bach ist heute allerdings weniger traditionelles Wirtshaus als vielmehr gehobenes Restaurant und Hotel. Mit dem Zukauf und Neubau des Nachbarhauses hat man Aufzug und moderne Zimmer angegliedert. Seit 1992 bewirtschaftet Familie Breckel das Haus, und mit ihr hielt eine gehobene Küche Einzug: Herbert Breckel ist Koch mit internationaler Erfahrung von Asien bis Amerika. Außer Gourmet-Spezialitäten und einer großen Weinauswahl tischt er schwäbische Gerichte und einfache Küche wie Spätzle, Schupfnudeln, Krautkrapfen oder Maultaschen auf. „Wir legen Wert auf saisonale Küche und verarbeiten überwiegend frische Produkte aus der Region, etwa Schrobenhausener Spargel, Wild aus heimischen Wäldern oder Lamm aus dem Oberallgäu. Saibling, Forelle, Karpfen kommen von Fischzüchtern aus der Umgebung. Felchen, Egli und Zander stammen vom Bodensee", so Breckel.

Die Weinstube führt das Haus zwar heute nicht mehr explizit im Namen, bekannt ist es aber noch immer für einen wohlgefüllten Keller mit ausgesuchten Weinen. So bietet Herbert Breckel jeweils im Frühjahr und im Herbst ein Degustations-Menü an, bei dem zu zahlreichen kleinen Gängen verschiedene Weinsorten verkostet werden. Auch gibt es bisweilen Wein-Themenabende, zu denen namhafte Winzer, wie Antinori aus der Toskana oder Miguel Torres aus Spanien, ihre Weine hier im Weber am Bach präsentieren, natürlich mit einem passenden Menü von Herbert Breckel dazu. Zu diesen Highlights muss man sich natürlich rechtzeitig anmelden, wie hier übrigens immer eine Reservierung zum Abendessen angezeigt ist. Im Sommer gibt es wunderschöne Plätze auf der Außenterrasse direkt am Stadtbach – die autofreie Altstadt von Memmingen zeigt sich hier beim Weber am Bach von ihrer besten Seite.

Weber am Bach

Untere Bachgasse 2
87700 Memmingen

Telefon: 08331 / 2414

www.weber-am-bach.de

Öffnungszeiten:
täglich
11:00–14:00 Uhr
und 17:30–24:00 Uhr
Ruhetag: Montag mittags;
abends geöffnet

Weinstube zum goldenen Löwen in Memmingen

Die oberschwäbische Stadt Memmingen ist als zentrales Oberzentrum in vielerlei Hinsicht bedeutsam für die Regionen Bayern, Baden-Württemberg und ganz Deutschland. Etliche auf dem Weltmarkt führende Unternehmen haben ihren Sitz, eine Niederlassung oder ein Werk in der Grenzstadt zu Baden-Württemberg. Gute Verkehrsanbindungen, nicht zuletzt durch den Flughafen, machen die Stadt zu einem zentralen infrastrukturellen Knotenpunkt im Bereich Oberschwaben, Allgäu und Mittelschwaben. Als „Tor zum Allgäu", wie sich Memmingen gerne nennt, gehört es zu den schönsten Ferienregionen Deutschlands. Als eine der am besten erhaltenen Städte Süddeutschlands ist seine Altstadt mit einer Vielzahl an Plätzen, Bürger- und Patrizierhäusern, Palästen und der Stadtbefestigung touristischer Anziehungspunkt für internationales Publikum.

Inmitten der Altstadt ist am Schrannenplatz als dem früheren Handelsplatz für Getreide mit dem Weinhaus zum goldenen Löwen ein Musterbeispiel historisch gewachsener Wein- und Gastronomiekultur erhalten. 1617 entstand das heutige Gebäude über dem Weinkeller und den Fundamenten eines mittelalterlichen Vorgängerbaus als Herberge. Der dreigeschossige Giebelbau mit den markanten Ladeluken im steilen, durch Gesimse unterteilten Giebel dominiert den südlichen Teil des Platzes. Während im Erdgeschoss die Stallungen und Remisen lagen, wurde im ersten Stock die Gastwirtschaft eingerichtet. Die Fremdenzimmer befanden im zweiten Stockwerk des Anwesens.

170 Jahre lang bewirtschaftete die Gastronomendynastie Mayer den Goldenen Löwen als eines der vornehmsten Häuser

Oben: Der „Dürnitz" – eine Stube mit gotischer Holzdecke. Unten: Alte Holztüren und Wandvertäfelung in der Hauptsstube

der Reichsstadt. 1787 folgte Bierbrauer Johann Göhring als Löwen-Wirt. 1810 ging die Gaststätte an den Goldarbeiter Christian Sucker, der das Haus jedoch schon 1811 aus wirtschaftlichen Gründen wieder abgeben musste. Es folgte David Brey, dessen Familie die nächsten vier Generationen hindurch die Geschicke der Weinwirtschaft bestimmte. 1975 erwarb der Kaufmann Günther Bayer das Anwesen von den Brey'schen Erben, sanierte es umfassend im Sinne des Denkmalschutzes und führte zusammen mit seiner Frau Ingeborg die mittlerweile fast 400-jährige Weinhaustradition fort. Seit 1999 ist das Gasthaus verpachtet. Pächter sind seit 2015 Peter und Erika Hornstein aus Nonnenhorn am Bodensee, die dort ein familiengeführtes Weingut betreiben.

Ein mächtiges, zweiflügeliges Tor in der Mitte der Front führt in die unverbaute, ursprüngliche Vorhalle. Mit dem alten Katzenkopfpflaster und der auf einem mächtigen, verwitterten Unterzug und bauchigen Holzpfeilern ruhenden Holzbalkendecke ist sie die letzte dieser Art in Memmingen. Über eine abgewinkelte Treppe kommen wir in die weitläufigen Gaststuben im ersten Obergeschoss.

Hier betritt der Gast ein bedeutsames historisches Zeitdokument mit wahrhaft musealem Charakter. Wie früher üblich, so wird auch heute noch die geräumige Diele zur Bewirtung der Gäste genutzt. Eine Biedermeiersitzgruppe lädt schon im Eingangsbereich zum Verweilen ein. In einem Vitrinenschrank erinnern kunstvolle Weingläser an verstorbene Stammgäste. Rechter Hand führt eine klassizistische Holztür in die Hauptstube, die sich dem Besucher in unverfälschtem Biedermeier-Gewand präsentiert. Holzboden, gepflegtes Mobiliar und detailreiche Ausstattung zeichnen ein Bild bürgerlicher Geselligkeit des vorletzten Jahrhunderts: auf einer Konsole an der Wand eine filigrane Alabasteruhr, Stiche und Lithografien, viele Bilder und Fotos von lange dahingegangenen Stammgästen. Alles scheint von der modernen Zeit unberührt und fast könnte man meinen, das etwas antiquiert gekleidete Paar von der Schwarz-Weiß-Fotografie dort an der Wand habe eben noch am Kachelofen gesessen und ein Viertele geschlotzt. Der in Gelb gehaltene, kunstvolle Ofen, auf dem ein stolzer Löwe thront, ist mit dem Jahr 1944 bezeichnet und stammt aus der Oberammergauer Werkstatt Karl Lang.

Links: Gemütliches Ambiente in den Stuben

Durch eine Holzwand, die einen Ranken-Aufsatz trägt, ist von der Gaststube ein Séparée abgetrennt, in dem Gäste, die lieber unter sich bleiben wollen, genau dies tun können. Die Sitzflächen der Bänke können zur besseren Erreichbarkeit der Tische hochgeklappt werden. An den sogenannten „Affenkasten“ anschließend, gelangen wir durch eine niedrige Tür in ein gediegenes Nebenzimmer. Ein weiteres solches erreichen wir von der Diele aus. Ein floral gestalteter Kachelofen und englische Jagdstiche bestimmen das Stüble. Durch die Fenster bietet sich einen Blick in den Innenhof und auf den Laubengang entlang des Hinterhauses. Über diesen Laubengang ist noch eine weitere Stube zugänglich. Der „Dürnitz“ sind mit ihrer gotischen Holzdecke, dem schweren, dunklen Mobiliar und den lichtschluckenden Butzenglasfenstern fürwahr mittelalterliche Wesenszüge zu eigen. Als Dürnitz (slaw. dorniza „beheizbare Stube“) bezeichnet man üblicherweise eine Speise- oder Gemeinschaftsstube in mitteleuropäischen Burgen und frühen Schlössern, die rauchfrei beheizbar ist. An den Wänden führen uns gerahmte Blätter aus Schedels Weltchronik von 1493 ins späte Mittelalter.

Kein Wunder also, dass nicht nur Touristen gern in das anachronistische Flair der Weinstube eintauchen. Viele Stammgäste aus dem Ort, darunter auch Vereine und Institutionen, kehren regelmäßig zu Feierlichkeiten, Sitzungen, Besprechungen oder einfach auf einen Schoppen Wein im goldenen Löwen ein. Der edle Most stammt aus Württemberg, Baden, Franken, der Pfalz, Österreich und natürlich vom Nonnenhorner Sonnenbichl sowie aus dem Lindauer Seegarten von den Gütern der Familie Hornstein. Dem mit zunehmendem Weingenuss anschwellenden Hungergefühl wird man mit feinen Vespermahlzeiten Herr. Eine reiche Auswahl kalter Magentratzerl (neudeutsch Amüsgöll, französisch amuse-gueule) wie Gruibenschmalzbrot, Südtiroler Bauernspeck, geräuchertes Forellenfilet und Obatzda (mit Butter, Kümmel und Zwiebel angemachter Camembert) ist für einen belebenden Imbiss gerade recht. Wen etwas Warmes gelüstet, der wird mit Allgäuer Kässpatzen, schwäbischen Maultaschen oder fränkischen Bratwürsten auch bestens bedient. Darauf ein Prost – und auf die nächsten 400 Jahre Gastlichkeit in der Weinstube zum goldenen Löwen in Memmingen!

Weinstube zum goldenen Löwen

Schrannenplatz 2
87700 Memmingen

Telefon: 08331 / 5290

www.weinstube-goldenerloewe.de

Öffnungszeiten:
Montag–Freitag
18:00–24:00 Uhr
Samstag
10:30–14:00 Uhr
und 18:00–24:00 Uhr
Ruhetag: Sonntag

Die Katzbrui-Mühle in Apfeltrach-Köngetried

Unterhalb des Weilers mit dem rätselhaften Namen Katzbrui, der zur Unterallgäuer Gemeinde Apfeltrach gehört, steht die uralte Katzbrui-Mühle. Die großen Fernstraßen sind zwar ein gutes Stück entfernt, dennoch kommen viele Gäste den steilen Weg herab in das stille Tal des Katzbruier Baches.

Der Standort einer Mühle ist hier schon um 1400 bekannt, doch die heutige Mühle wird erstmals 1539 als Besitz eines Hans Pregennzer (aus Bregenz) urkundlich erwähnt. 1616 erfahren wir von einem Hans mit dem sprechenden Nachnamen Müller. Im Dreißigjährigen Krieg brannte das Gebäude wohl nieder, wurde 1661 wieder aufgebaut und ist seitdem fast unverändert erhalten. Sie ist nicht nur die älteste Mühle weit und breit, sondern gehört zu den wenigen, die noch vollständig eingerichtet und funktionsfähig sind: die 1866 letztmals modernisierte altdeutsche Mühle mit den vier Mahlgängen, den Holzzahnrädern, dem oberschlächtigen Mühlrad mit der hölzernen Wasserrinne vom Hang – ein frühindustrielles technisches Denkmal hohen Ranges, das seinen Betrieb um 1900 einstellte. Das alte Müllerhaus, ein hingeduckter, langgestreckter, zweigeschossiger Holzbau

in Ständerkonstruktion mit einem flachen Satteldach, das von Legschindeln gedeckt ist, blieb trotz oder gerade wegen des großen Neubaus, der 1981 anstelle älterer landwirtschaftlicher Gebäude aufgeführt wurde, stehen. Bis zu diesem Jahr war das alte Haus bewohnt, und als es 1991 von Max Endraß übernommen wurde, hatte es noch keinen nachhaltigen Schaden genommen.

Endraß, der humorvolle Wirt, lebt Historie durch und durch! So richtet er mit seiner längst vom Geschichtswurm infizierten Tochter Marina Schneider nach und nach ein Mühlenmuseum ein, das nicht nur das Mühlwerk zeigt, sondern auch die früheren Lebensverhältnisse in diesem niedrigen Haus, dessen Raumhöhe keine zwei Meter beträgt, das im Obergeschoss unglaubliche Verformungen seiner Decke zeigt und noch die alten Kammern mit ihren Bohlenwänden bewahrt hat. Er hegt und pflegt auch die altersschöne Substanz des Hauses, wie man es sich nur wünschen kann. Die Mühle nimmt den rechten Teil des Hauses ein, die Gasträume liegen im linken, westlichen Teil. Da ist zum einen die alte Gaststube, die „Gute Stube", in der früher die Bauern beieinander saßen, wenn sie bei dem wohl mit Misstrauen beäugten Katzbrui-Müller auf ihr Mehl warteten – Müller standen bekanntlich jahrhundertelang im Ruch der Unehrlichkeit. Nachdem die Küche im angrenzenden Neubau untergebracht ist, dienen die ehemalige Küche mit ihrer alten Herdstelle und dem deutschen Kamin, die frühere Speiskammer und die Holzlege heute als kleine, intime Gasträume, dämmerig, schummrig und im Winter unendlich heimelig. Im Sommer sitzen die Gäste freilich lieber draußen, beschattet von hohen Bäumen und – zum Ärger der Fotografen – großen Schirmen. Für größere Ereignisse mit bis zu 180 Personen gibt es den Veranstaltungsstadel. Angeschlossen ist im Wohnhaus von 1981 ein kleines Hotel mit Tagungsraum und 14 Zimmern für bis zu 26 Personen.

Die Mühle ist noch heute das Dorfwirtshaus der Umgebung, sogar mit Stammtisch, und natürlich für Ausflügler aller Couleur, ob mit dem Radl, mit der Maschin', dem Auto oder dem Bus unterwegs. Die Speisekarte ist gutbürgerlich, bietet allen Geschmäckern etwas, seien es die unverzichtbaren Kässpatzen, das selbstgebackene Brot oder die fangfrische Mühlenteich-Forelle aus eigener

Oben: Die ehemalige Küche des alten Bauernhauses ist in der Gaststube noch erhalten.
Links: Gemütlichkeit in der bäuerlichen Wohnstube

Links: Uriges Interieur der alten Mühle.
Unten: Das Mühlenmuseum erinnert an die frühere Nutzung des Wirtshauses

Aufzucht als besondere Spezialität; entsprechend wohlgefüllt schlichen wir von dannen. Dass die Waren fast alle aus der Region kommen, gehört ebenso zur Philosophie der Wirtsleute wie das Bier aus der Ein-Mann-Brauerei, die ausschließlich für sie braut.

1949: ein Wendepunkt in der Geschichte des Hauses, das plötzlich zum Filmset wurde. Die Mühle war einer der Hauptschauplätze der Verfilmung des Grimm'schen Märchens „Hans im Glück", mit Gunnar Möller in der Titelrolle und bedeutenden Namen wie Jacob Tiedtke, Erich Ponto, Beppo Brehm und Gertrud Kückelmann, Drehbuch und Regie von Peter Hamel, vertont von keinem geringeren als Franz Schubert (1797–1828). Von der Kritik wird dieser Film bis heute als „fantasievoll, bezaubernd und verzaubernd" gepriesen. Wie später beim „Immenhof" und der „Schwarzwald-Klinik" kamen in der Folgezeit zahlreiche Interessenten und Besucher, die den Schauplatz des Märchenfilms kennenlernen wollten. Dies war der eigentliche Beginn der Katzbrui-Mühle als Gaststätte. Heute erinnert ein originales Filmplakat am Treppenaufgang an dieses lang vergangene, aber in der Atmosphäre der Katzbrui-Mühle noch immer präsente Ereignis.

Katzbrui-Mühle

Katzbrui 7
87724 Apfeltrach-Köngetried

Telefon: 08269 / 575

www.katzbrui-muehle.de

Öffnungszeiten:
Montag–Sonntag
ab 11:00 Uhr,
bis die letzten Gäste aufgeben,
Heiligabend geschlossen

29

Hotel-Gasthof Adler in Bad Wörishofen

Es ist faszinierend: Bad Wörishofen, heute die größte Stadt im Landkreis Unterallgäu, war um die Mitte des 19. Jahrhunderts nur ein bäuerliches Straßendorf, das sich entlang der heutigen Hauptstraße etwa zwischen der Bahnhofstraße im Norden und der Kellerstraße im Süden mit zwei Häuserreihen erstreckte, parallel dem Verlauf des Wörthbaches folgend. Hervorgegangen ist der Ort aus einem Hof, der einem Werin gehörte, wie die erste Erwähnung als Werenshova im Jahre 1067 bezeugt. 1243 kam das Dorf an das Augsburger Dominikanerinnenkloster St. Katharina, aus dem 1718 Schwestern hierher kamen, die das im folgenden Jahr an der Ostseite der Dorfstraße nach Plänen der beiden Vorarlberger Baumeister Franz und Johann Michael Beer begonnene neue Kloster nach dessen Fertigstellung 1721 bezogen. Noch heute bildet die mehrflügelige Anlage um zwei Innenhöfe und den Klostergarten auf der Südseite einen eigenen Bezirk in der groß gewordenen Stadt. Die von den Barockkünstlern Dominikus und Johann Baptist Zimmermann ausgestattete Klosterkirche steht nur wenige Meter neben der Stadtpfarrkirche St. Justina, deren Klosterbeichtvater 1855 und Pfarrer 1881 kein anderer wurde als Sebastian

Die Adler-Tenne bietet Platz für 200 Personen

Kneipp, der die Hydrotherapie hierher brachte. Nachdem immer mehr Heilung Suchende nach Wörishofen kamen, entwickelte sich das Dorf rasch zu einem vielbesuchten Kurort, der seinen Kurbetrieb 1891 aufnahm. Die Folge war die Errichtung von Kureinrichtungen, Badeanlagen und natürlich Gasthöfen; um 1893 entstand im Westen des Ortes der Kurpark als „Erzherzog-Joseph-Anlagen" zunächst als geometrische Anlage, bevor 1902–03 die Umformung in einen Landschaftsgarten geschah. Seit 1920 darf sich Wörishofen „Bad" und seit 1949 „Stadt" nennen.

Nach dem dringend empfohlenen Besuch des Klosters und seiner Kirche brauchen wir nur die Hauptstraße zu überqueren, um vor dem Hotel-Gasthof Adler zu stehen. Welche Geschichte! 1492 ist erstmals eine Herberge beim Kloster belegt, die 1538 als „Tafernwirtschaft zum oberen Wirt" genannt ist, sich nach und nach vergrößerte und zu einem stattlichen Anwesen wurde; hier gab es Branntwein- und eine Bäckergerechtigkeit und gebraut wurde Ende des 18. Jahrhunderts auch. In den Kriegszeiten 1870/71 wird aus dem oberen Wirt der Adler und mit dem Aufblühen Wörishofens entwickelt sich auch das „erste Haus am Platz" prächtig, das seit 1911 im Besitz der Familie Trommer ist. Aus einem grundlegenden Umbau 2014 ging das heutige Haus hervor. Es hat auf den ersten Blick nicht mehr viel gemeinsam mit dem alten, stattlichen Wirtshaus, mit seinem Steildach und dem Eckerker, das auf der Homepage mit seinen vielen Bedienten zu sehen ist. „Neubarock" könnte man den heutigen Bau nennen, auch mit einem Eckerker, aber sonst ganz anders, mit anderen Proportionen, An- und Erweiterungsbauten.

Die Wirtsleut' Alexander und Petra Trommer haben 2014 die „Adler-Tenne" entstehen lassen, einen Saal für 200 Personen, der den alten Bau kräftig nach Süden erweitert hat. Ein geschicktes Arrangement von Tischen und niedrigen Zwischenwänden lässt Plätze und Inseln entstehen, für größere und kleinere Gruppen, sodass die schiere Größe der Tenne eher luftig wirkt. Bei aller Modernität, bemerkenswert ist die Liebe der Wirtsleute zur traditionellen Blockbauweise, für die auch die 200 oder 300 Jahre alten Balken des alten Dachstuhls verwendet wurden, kombiniert mit Natursteinflächen. Sie reicht bis in die Toiletten unter den alten Kreuzgratgewölben! „Es war alles viel zu klein und so haben wir mit dem Anbau zum Hof die Fläche verdoppelt", erklärt Alexander Trommer. Die Tischdekorationen wirken elegant, so dass volkstümelnder Kitsch erst gar keine Chance hat. Und der Riesenkachelofen! „Die Leute bleiben jetzt länger hocken als früher, vor dem Umbau." Den Wirt freut's. Sohn Daniel als Koch und Tochter Tamara als Hotelfachfrau treten in die elterlichen Fußstap-

Zwei der schönsten Ecken in Bayerisch-Schwaben

fen. Seltsam, dass wir nirgendwo die umgekehrte Konstellation fanden: Köchin und Hotelmanager.

Es geht auch kleiner. Uns entzückt die Schwabenstube, die seit ihrer Einrichtung an Pfingsten 1937 unverändert geblieben ist: Tische, Stühle, Bänke, Wandverkleidung und sogar die Garderobe! Zum zweiten Nebenraum, der Zirbelstube (jeder Gedanke an den gleichnamigen Raum in der Bayerischen Staatskanzlei verbietet sich!), gehört der Erker.

Das Konzept, als erstes und ältestes Haus Wörishofens seit rund 520 Jahren für alle da zu sein und dabei einen perfekten und persönlichen Service zu bieten, geht auf: Schon 50 Jahre besteht der Bauernstammtisch, ein Jahrzehnt jünger ist der Veteranenstammtisch. Sogar einen Bademeisterstammtisch gibt es! Seit 120 Jahren gehört die Freiwillige Feuerwehr zu den Stammgästen, von denen viele aus der Augschburger Gegend kommen, viele aus der Schweiz, Kurgäste natürlich, mit und ohne Schatten, und junges Publikum.

Die Speisekarte: regional, gut bis gehoben bürgerlich. Bio ist bei den benötigten Mengen kein Thema; wir freuen uns über diese ehrliche Aussage. Aber die regionale Herkunft ist den Trommers von jeher wichtig: Das Bier bezieht man seit über 100 Jahren aus der Aktienbrauerei Kaufbeuren. Hiesige Metzger liefern die Zutaten unter anderem für die Bier-Bratwürste als eine Spezialität des Hauses. Allein zehn Jäger schießen das Wild für die Küche – so etwas leisteten sich früher nur Fürstenhöfe. Mei: Wer ko, der ko!

Hotel-Gasthof Adler

Hauptstraße 40
86825 Bad Wörishofen

Telefon: 08247 / 96360

www.adler-bw.de

Öffnungszeiten:
täglich 06:00–24:00 Uhr

Sebastian Kneipp (1821–1897)

Sebastian Kneipp als den ersten „Wellness-Papst" zu betiteln, wäre sicher zu kurz gegriffen, es passt wohl eher die Bezeichnung „Naturheiler" auf ihn. Der Begriff steht heute hoch im Kurs, war aber nicht zu allen Zeiten „salonfähig". Die von ihm entwickelte Wasserkur (Fachbegriff: Hydrotherapie) fußt auf der Erkenntnis, dass man mit gezielten Wasserreizen den Körper zu einer positiven, heilungsfördernden Gegenreaktion anregen kann. Auch einzelne Organe können spezifisch stimuliert und entspannt werden. Dies erreicht man durch Voll- oder Teilbäder, Dampfbäder, Güsse, Wickel oder auch Wassertreten. Allein auf's Wassertreten sollten wir ihn aber nicht reduzieren – auch zur Pflanzenheilkunde hat Kneipp ein erstes wichtiges Fachbuch geschrieben.

Alles begann mit einem Bad in der Donau: Der schon 28-jährige Theologiestudent war an Tuberkulose erkrankt, einer der verbreitetsten Krankheiten im 19. Jahrhundert vor Erfindung der Zentralheizung. In einem Buch fand er den entscheidenden Hinweis: Er badete mehrfach in der im Winter eiskalten Donau, wurde wieder gesund und begann, das Konzept der täglichen Wasseranwendungen an sich selbst und an seinen Kommilitonen, quasi als Hobby, weiter fortzuentwickeln. Das brachte ihm aber den Neid der Ärzte und Apotheker ein, die ihn als Kurpfuscher anklagten. Mehr als einmal musste er eine Unterlassungserklärung abgegeben, nicht als „Heiler" tätig zu sein – er hatte sich freilich auch mit Wasser- und Kräutertherapien an der Behandlung von Cholerapatienten versucht – mehrfach erfolgreich. Einem Richter, der ihn einmal wieder zur Unterlassungserklärung verurteilten musste, soll er aber eine Kuranweisung gegen Gicht ausgestellt haben.

1852 wurde Kneipp zum Priester geweiht, übernahm mehrere Kaplanstellen im Bistum Augsburg und kam 1855 als Hausgeistlicher ins Dominikanerinnen-Kloster nach Wörishofen. Hier erlangte er über die folgenden 40 Jahre einen Ruf als Naturheiler, der bis nach Wien und zum Papst in Rom drang, der Kneipp 1894 zu einer Privataudienz und Behandlung persönlich empfing. Nach Wörishofen kamen derweil immer mehr Heilsuchende und Gesundheitsbewusste und durchaus wohlhabende Menschen, die sich für die Kneipp-Kuren interessierten – um 6000 Kurgäste sollen es im Jahr 1890 schon gewesen sein. Darauf setzte ein Bauboom ein: Badehäuser, Hotels und Pensionen für die Übernachtungsgäste schossen wie Pilze aus dem Boden. 1890 wurde auch der erste Kneipp-Verein gegründet und das Dorf Wörishofen wurde zum Kurbad; seit 1920 trägt es den Namen Bad Wörishofen.

30

Klosterbräu Braugasthof in Irsee

Bayern war eine „terra Benedictina“, ein Land also, das stark von den Klöstern des Benediktinerordens geprägt wurde, Horten von Kunst, Kultur, Wissenschaft und Bildung, den einzigen Institutionen, in denen es auch Bauernsöhne schaffen konnten, zu hohem Rang aufzusteigen, zum Wissenschaftler, zum Abt, zum Fürstabt. Baufreude und Repräsentationsbedürfnis der Äbte und Prälaten bescherten vielen Handwerkern und Künstlern Arbeit und Auskommen. Und bis heute besuchen zahllose Menschen aus aller Welt Bayern auch wegen seiner reichen klösterlichen Vergangenheit. Mit der Pracht der Prälaten jedoch war es vorbei zu Beginn des 19. Jahrhunderts, als sich das altersschwache Heilige Römische Reich Deutscher Nation auflöste und die Besitztümer der Kirche enteignet, verstaatlicht oder privatisiert wurden. Aus den großen Abteien, die niemand mehr benötigte, wurden nicht selten Schulen, Gefängnisse oder psychiatrische Kliniken. Das gilt auch für das Ostallgäuer Irsee: gegründet im 12. Jahrhundert, zerstört im 16. und 17. Jahrhundert, wieder auferstanden in einem Neubau 1699–1702 und später durch den Vorarlberger Architekten Franz Beer. Er schuf eine imposante, aber keine gewaltige Anlage, aus zwei Teilen bestehend: dem Kloster, einer Vierflügelanlage um einen Innenhof, daneben die Klosterkirche und südlich davon die ehemalige Ökonomie, der Wirtschaftsbereich. 1803 säkularisiert, richtete man danach in der ehema-

Rechts: Das Bräugewölbe ist mit gotisierenden Malereien geschmückt.
Unten: Kupferne Braukessel in der Bräustube

ligen Klosteranlage Amts-und Wohngebäude ein, 1849–1972 diente sie als Heil und Pflegeanstalt. Nach der Sanierung 1974–81 entstand das Bildungszentrum des Bezirks Schwaben.

Das einstige Klosterdorf, längst über seine historischen Grenzen hinaus gewachsen, bestand aus dem Unteren Dorf (um die heutige Schmiedgasse), dem Oberen Dorf südlich davon, von dem der Straßenname erhalten ist, und schließlich im Norden dem „Schnetterer“ an der heutigen Mühlstraße. Das Kloster steht als eigenständiger Bezirk wie eh und je.

Allein die herrliche Schiffskanzel in der ehemaligen Klosterkirche Mariä Himmelfahrt, Peter und Paul, geschaffen 1725 von Ignaz Hillenbrand, lohnt den Besuch. Ein ganz wunderbares Werk: das Vorderteil eines Schiffes mit Anker, Tau und Mastkorb, als Galionsfigur der Erzengel Michael, der die Kirche beschützt, darüber ein Segel anstelle eines Schalldeckels.

Um uns zu stärken und zu erquicken, begeben wir uns im Anschluss an die Kirchenbesichtigung in die ehemalige Klosterbrauerei von 1748, den heutigen Braugasthof. Der zweigeschossige und zweiflügelige Walmdachbau mit den kleinen Fenstern und den rot-weißen Fensterläden wirkt altertümlicher als die älteren Klostergebäude.

Als man 1972 auch die Restaurierung der Ökonomie in Angriff nahm, gab es nur eine veraltete Brauerei und ein heruntergekommenes Dorfwirtshaus. Doch professionelles Management in Verbindung mit dem Ziel, zu den alten, traditionellen und bleibenden Werten zurückzukehren, führte zu einer neuen und anhaltenden Blüte. Man hat bei der Restaurierung auf das Gebäude gehört, denn das Gebäude sagt, was gut ist, der Architekt muss es nur umsetzen. Die Philosophie des Hauses ist einfach: Die Klosterbrauerei produziert wertvolles Bier, die Gaststätte ist „modefrei“; wichtiger sind Kontinuität und Ursprünglichkeit.

Es gibt zwar einen obersten Chef, im Brauereigasthof aber keinen Wirt im klassischen Sinne, das Personal fungiert als Gastgeber, die Atmosphäre ist angenehm und locker. Der Gastraum, das Bräugewölbe, ist die frühere Darre der Mälzerei, ein dreischiffiger, hoher Gewölberaum auf massiven Pfeilern, alles in Backstein, an den Wänden als Akzente gotisierende Male-

12,90
Roulade von der
marinierten Ochsenkeule
Natursoße, Blaukraut
Kartoffelknödel 12,90
Erdbeeren
Vanilleeis, Sahne 6,90

Die allzeit frischen Tagesgerichte werden auf großen Tafeln angekündigt

reien. Die Atmosphäre wie im Kaminzimmer mit der großen offenen Esse ist einzigartig. Ein anderes Nebenzimmer hat eine Balken-, die Klosterstube eine Bohlenbalkendecke. Im Sommer locken der Garten im Innenhof und der Klostergarten beim Wasserrad. Der große Spielplatz lässt uns wünschen, eine halbe Stunde wieder Kind zu sein.

Die Gäste? Es gibt in der Tradition benediktinischer Gastlichkeit keine Standesunterschiede: Ob Straßenkehrer oder Bundespräsident, alle waren sie schon da.

Die Küche greift auf ursprünglichen Genuss zurück, statt auf Masse zu setzen, soweit es einem viel besuchten und großen Gasthof möglich ist. Die regionalen Lieferanten genießen den nahezu unkündbaren Zustand von „Hoflieferanten"; es gilt: Leistung gegen wirtschaftliche Absicherung.

Die Küche: Natürlich gibt es die Allgäuer und bayerischen Klassiker wie die knusprige Bratenpfanne, den gebeizten Wildschweinbraten, die hausgemachten Kasspatzen (Warum wundert uns das nicht?). Auf das Beizen, das das Fleisch bekömmlicher macht, legt man sehr großen Wert. Daher sind die gebeizten Rouladen eine besondere Spezialität des Hauses. Und dazu genießen wir das ursprünglich gebraute Klosterbier.

Wenn wir uns nach der Besichtigung des Klosters, der üppigen barocken Klosterkirche und des sehenswerten Brauereimuseums im Brauereigasthof niederlassen, erahnen wir noch etwas von der Gastfreundlichkeit und der Sinnenfreude der „terra Benedictina Bavarica"; in dieser Tradition gehört auch ein Hotel unter demselben Dach dazu. Es ließ sich dereinst gut leben unterm Krummstab, und das funktioniert in der Braugaststätte noch immer.

Klosterbräu Braugasthof

Klosterring 1–3
87660 Irsee

Telefon: 08431 / 432200

www.irsee.com

Öffnungszeiten:
täglich
10:00–23:00 Uhr

31

Hotel-Gasthof zum Engel in Kaufbeuren-Oberbeuren

So richtig idyllisch liegt der Gasthof zum Engel nicht, dort, wo die Oberbeurener Hauptstraße von der viel befahrenen Lindauer Straße, der alten Route von Kaufbeuren nach Kempten, abzweigt. Aber es ist auch nicht Sinn und Zweck einer alten Tafernwirtschaft, idyllisch situiert zu sein, sondern an einem verkehrstechnisch günstigen Punkt zu stehen. Das war schon 1519 so, als der Engel als Tafernwirtschaft erstmals erwähnt wurde, am nördlichen Eingang des alten Pfarrdorfes Oberbeuren, dessen Geschichte weit zurück bis zur alemannischen Landnahme Ende des 5. Jahrhunderts reicht. Der Ortsname setzt sich aus dem Suffix „Beuren“, dem Althochdeutschen „bure“ im Sinne von Haus oder Wohnung, und dem Präfix „Ober“ zusammen, das sich auf die Lage oberhalb von Kaufbeuren bezieht, auch wenn es sich bloß um 33 Meter handelt. Ein Hinweis auf die uralte Geschichte des Dorfes, das seit 1972 zur Stadt Kaufbeuren gehört, ist die alte Pfarrkirche St. Dionysus, deren Patrozinium auf einen karolingischen Ursprung im 8. Jahrhundert verweist.

Der Wirt Michael Martin, seines Zeichens Küchenmeister, Betriebswirt und Geschäftsführer, unterstützt von seiner Ehefrau Ivonne, die – natürlich! – für Hotel und Service zuständig ist, wirkt sichtlich stolz, den Engel bereits in der fünften Generation zu führen, seitdem sein Ururgroßonkel Ulrich Martin 1881 den Gasthof ersteigert hatte. Der heutige Bau wurde um das Jahr 1820 errich-

Links: Der Stammtisch gehört fest zum historischen Wirtshaus. Rechts: Drei unterschiedliche Stuben warten auf die Gäste. Unten rechts: Der namensgebende Engel präsentiert im Wirtshaus-Ausleger einen Kelch

tet. Die Schankkonzession erhielt er 1831, wie die Jahreszahl im schönen alten Wirtshausausleger anzeigt. Seine beiden Töchter seien noch zu jung, wobei eine bereits bestimmte Tendenzen und Neigungen aufzeige, antwortet Michael Martin auf die Frage, wie es denn mit der familiären Nachfolge aussehe.

Der zu Recht als Baudenkmal ausgezeichnete schmucke Biedermeierbau mit dem hohen Walmdach und dem Zwerchgiebel, breit hingelagert, behäbig, sieben Fensterachsen zur Straße, fünf auf der Schmalseite, behauptet sich erfolgreich gegen die Teerödnis seiner Umgebung. Autolärm und Verkehr vergisst man leicht beim sommerlichen Besuch des Biergartens hinter dem Haus, unter Kastanien, über einem Eiskeller, und wir lassen sie auch hinter uns beim Betreten des Flures in der Mitte des Hauses, von dem aus eine Holzwendeltreppe mit gedrechselten Balustern in das Obergeschoss führt. Gaststube und Nebenzimmer liegen wie in allen Wirtshäusern beim Eingang. Früher gab es im Obergeschoss einen Festsaal, in den in den 1950er-Jahren Fremdenzimmer hineingebaut wurden, die heute als komfortable Hotelzimmer zur Verfügung stehen. Großveranstaltungen finden nicht statt, aber in den modern und mit Kiefernholz eingerichteten drei Gasträumen, neben der Wirtsstube die Kauzmann Stube und das Wanninger Stüble, finden zwischen 35 und 55 Personen Platz.

Bis in die Nachkriegszeit betrieb die Familie Martin auch eine Metzgerei und eine Landwirtschaft, erfahren wir von Michael Martin, dessen Vater damit aufhörte. Sie ist nicht ganz verschwunden – das winterliche Schinkenräuchern zeugt noch davon. In der ehemaligen Metzgerei hinter dem Haupthaus ist heute die Biergartenschänke eingerichtet. Hier finden wir, abgesehen von den Kastanien über den Bierkellern, auch das letzte Zeugnis der einstigen Brauerei: Der zweigeschossige Bau ist nämlich im spätklassizistischen Rundbogenstil errichtet, der im 19. Jahrhundert bei Brauhäusern üblich war.

Viel Stammkundschaft kommt aus Kaufbeuren. Für die „Ureinwohner“ des alten Dorfes ist der Engel bis heute die Dorfwirtschaft, es gibt Stammtische, den täglichen Dämmerschoppen, wohingegen die klassischen Frühschoppen hier wie überall langsam aussterben. Nach dem Ende des Zweiten Weltkrieges diente das Haus den Amerikanern als Hauptquartier. Ehemalige Angehörige des früheren Kaufbeurener Fliegerhorstes kommen ebenfalls gerne hierher, Touristen indes weniger.

Gekocht wird, was das regionale Angebot hergibt. Die Speisekarte zeigt uns beste allgäuerisch-schwäbische Küche, die ja nicht gerade dafür bekannt ist, dass sie kalorienarm wäre oder auf Laktoseintoleranz Rücksicht nähme. Da gibt es etwa die herrlichen Maultaschen, die in der Fastenzeit „Herrgottsbscheißerle“ hießen, weil das eigentlich verbotene Fleisch in einer Teigtasche versteckt

wurde. Ob die Brätstrudelsuppe oder das Allgäuer Kässüpple mit heimischen Bergkäse, das Rehragout mit Semmelknödel, der Hirschbraten mit Rahmschwammerl und Serviettenknödeln oder das Schlemmerschnitzel, mit Speck und Käse überbacken, mit hausgemachten Spätzle – vieles hat die Karte zu bieten, was den Leib sättigt und den Geist beruhigt. Und weil nicht jeder immer heimisches Essen will, gibt es eine köstliche Salatkarte, auf der als Beigaben Strohkartoffeln, Knoblauch, Frühlingsrollen, Putenbrust und andere leichte Dinge auftauchen. Warum nicht auch Nachos, kross gebratener Bacon und Feta! Jeder Sonntag ist ab 17:30 Uhr Schnitzeltag, neun unterschiedliche Schnitzelarten, vom Schwein und von der Pute, stehen im Angebot.

Sehnsüchtig fällt unser Blick auf „Großmutters Mostküchle", nach einem Originalrezept von 1831, in Zimt, Zucker und Weinschaumsoße. Und nicht zum ersten Mal beklagen wir uns darüber, dass unser Mitarbeiter im Verlag ausgerechnet diesen Besuchstermin auf den frühen Vormittag gelegt hat.

Hotel-Gasthof zum Engel

Hauptstraße 10
87600 Kaufbeuren-Oberbeuren

Telefon: 08341 / 2124

www.engel-kaufbeuren.de

Öffnungszeiten:
täglich
10:00–23:00 Uhr
warme Küche
11:30–13:45 Uhr
und 17:30–21:30 Uhr

32

Hotel-Gasthof zum Hirsch in Marktoberdorf

Lasset uns im Spätbarock schwelgen! Wer sich mit der Kunst und Kultur des 18. Jahrhunderts in Bayern auskennt, bekommt leuchtende Augen bei der Erwähnung dreier Namen: Karl Meichelbeck, Joseph Anton Merz und Johann Georg Fischer. Was die drei miteinander verbindet, ist ihr Geburtsort „Obrdoarf", hochdeutsch Oberdorf (Volksmund), oder Marktoberdorf (politisch-postalisch). Johann Georg Meichelbeck (1669–1734), der den Ordensnamen Karl annahm, gilt als einer der bedeutendsten Konventualen des Klosters Benediktbeuern und als herausragender Geschichtsschreiber seiner Zeit. Joseph Anton Merz (1681–1750), Sohn eines in Marktoberdorf ansässigen Malers, machte ab 1710 Karriere als Maler im niederbayerischen Straubing. Der Bäckerssohn Johann Georg Fischer (1673–1747), mütterlicherseits ein Neffe Johann Jakob Herkomers (siehe hierzu Roßhaupten-Sameister, Gasthof Adler, S. 175), gehört zu den wichtigsten Allgäuer Barockbaumeistern. Sein Name ist verbunden mit dem Neubau des Innsbrucker Doms, des hiesigen Fürstbischöflichen Schlosses und der Pfarrkirche St. Martin. Nahezu 20 Kirchenbauten, überwiegend im Allgäu, zeigen die große Bandbreite seines Wirkens. Geboren ist der große Baumeister Georg Fischer just in dem Haus, das als Hotel-Gasthof zum Hirsch Ziel unseres Besuches ist; eine Gedenktafel an der Fassade erinnert daran. Das stattliche, denkmalgeschützte Haus an der Einmündung der Georg-Fischer-Straße in die B 16, die hier Eberle-Kögl-Straße heißt, stammt im Kern aus dem 17. Jahrhundert. Das allerdings erkennen wir erst beim zweiten Hinschauen, nämlich an der langen Seite zur Georg-

Die Einrichtung im Hirschen erinnert an frühere Besitzer – die Oberjäger

Fischer-Straße, wo sich im Erd- und ersten Obergeschoss noch ein Teil des alten Baus, eines früheren Wohnstallhauses, versteckt, in dem sich die Fenster unregelmäßig aneinanderreihen. Es wurde um das ganz regelmäßige zweite Obergeschoss erhöht und bekam ein flaches Walmdach, das ihm das Aussehen eines klassizistischen Palais verleiht.

Die Geschichte des Wirtshauses im früheren Oberjäger-Haus geht auf das Jahr 1900 zurück, als es von dem Gastwirt Johann Klimm eröffnet wurde. 1949 kaufte es die Familie Blochum, und seit 1986 regiert hier Ludwig Blochum, der 2008 die dritte Generation in Person seines Sohnes, des Küchenmeisters Thomas Blochum mit seiner ganz jungen Familie, ins Boot holte – dieser Ausdruck ist nicht zu weit hergeholt, denn eine Gaststubenwand zeigt, dass Vater und Sohn mit großer Leidenschaft dem Fischfang nachgehen, und das in internationalen Gewässern. Auf unsere Frage, ob es denn auch hier die übliche Arbeitsteilung in die Küchenleitung beim Ehemann und den 18-Zimmer-Hotelbetrieb bei der Ehefrau gäbe, winken Thomas und Marina Blochum ab: „Bei uns macht jeder alles." Auch dass Wirte nie Urlaub haben, empfand Thomas Blochum nie als Nachteil, denn „dadurch war in meiner Kindheit immer jemand für mich da." Das ist auch jetzt bei seinem kleinen Sohn der Fall, der sich mit großer Hingabe unserer Verlagshündin Amy widmet, die uns auf dieser Fahrt begleitet.

Natürlich stammen die Zutaten für die Küche aus der Region, zwei eigene Fischwässer mit Forellen und Saiblingen gibt es und drei Jäger, die die Küche ebenso beliefern wie hiesige Metzgereien; die Klosterbiere kommen aus Andechs. Aber die Tatsache, dass im Weinkeller 300 Sorten aus aller Welt lagern, macht ebenso wie die im Winter angebotenen 12-Gänge-Degustationsmenüs deutlich, dass es kein Wirtshaus im populären Sinne ist, sondern ein Restaurant, zwar gut bürgerlich, dennoch gehobenen Anspruches. Aber immerhin gibt es noch Stammtische und den Dämmerschoppen; die Frühschoppen sind auch hier ausgestorben.

Die Spezialität des Hauses sind Steaks, eine Leidenschaft von Vater Luggi. Die Küchenklassiker sind natürlich die Spezialitäten aus der Region, Brätknödel- und Leberknödelsuppe, Kas-

Tafel zum Andenken an einen großen Baumeister, der hier geboren wurde

Hier wurde am 21. Januar 1673 geboren Joh. Georg Fischer Erbauer des Schlosses und der Pfarrkirche Er war der bedeutendste Rokokobaumeister des Allgäus

spatzen, schwäbischer Zwiebelrostbraten oder Allgäu-Pfanne und schließlich die „Crossover-Küche“, die Regionales wie den Allgäuer Rehrücken und Exotisch-Internationales wie die Crème Brûlée von der Tonkabohne mit Tatar von gegrillter Ananas kombiniert: Das ist die Spielwiese der jungen Generation. Wir müssen uns zusammennehmen, dass wir nicht vor Appetit und G'lustl anfangen zu sabbern in der hellen und freundlichen Gaststube mit ihren umlaufenden Bänken und der unaufdringlich-fröhlichen Dekoration, die durch zwei Restaurantzimmer für etwa 30 Personen und eine Handbibliothek zum Thema Fischen und Angeln ergänzt wird.

Zur Entschädigung dafür, dass es wegen der frühen Stunde nicht einmal zu einem Edelbrand aus der Digestif-Karte reicht, führt uns Thomas Blochum noch in die nahe Dépendance, die „Speisemeisterei“, ein historisches Wirtshaus von 1901, das 2015 von der Familie Blochum wieder eröffnet wurde und wo Jung und Alt beisammen hocken und es sich von einer kleineren Karte bei durchgehend warmer Küche von 11:30 Uhr bis 24 Uhr und von Montag bis Sonntag gut gehen lassen.

Zur Freude der kindlicher Begeisterung entkommenen Amy gehen wir noch die einzigartige, von Linden beschattete Kurfürstenallee von 1774 entlang, die vom alten fürstbischöflichen Schloss – heute Musikakademie – in gerader Linie fast zwei Kilometer nach Südosten führt. Sie sei allen dringend empfohlen, die sich auf den Besuch des Gasthofs zum Hirsch einstimmen oder ihn gebührend ausklingen lassen wollen!

Tue Recht und scheue niemand

Blochum

Wappen der Wirtsfamilie Blochum: „Tue Recht und scheue niemand“

Hotel-Gasthof zum Hirsch

Georg-Fischer-Straße 1
87616 Marktoberdorf

Telefon: 08342 / 2342

www.hotel-hirsch-mod.de

Öffnungszeiten:
Dienstag–Samstag
Warme Küche
18:00 Uhr–21:30 Uhr
Sonntag
11:30–14:00 Uhr
Das Restaurant hat
ab 17:00 Uhr
bis „spät“ geöffnet!
Ruhetag: Montag

33

Gasthof zum Burger in Marktoberdorf

Marktoberdorf ist nicht nur eine der höchstgelegenen Städte in Deutschland und nicht nur eine Stadt bayerischer Geistes- und Kunstgeschichte des Spätbarocks. Weltweite Bekanntheit verdankt sie einer Bauernfamilie, in der 1930 der erste Dieselross-Traktor mit Mähwerk, Anbaupflug und sechs PS gebaut wurde. Das war die Geburtsstunde des Landmaschinenherstellers Fendt. Das Familienunternehmen gibt es nicht mehr, seitdem es 1997 vom amerikanischen AGCO Konzern übernommen wurde, aber die Marke als die eines Weltmarktführers auf dem Gebiet der Traktoren, Feldwechsler, Mähdrescher und Ballenpressen besteht weiterhin ebenso wie das Hauptwerk in Marktoberdorf.

Etwa 500 m Luftlinie vom Betrieb der Familie Fendt, der längst dem großen Werk Platz gemacht hat, erwarb 1910 der Metzgermeister Ludwig Burger aus Sonthofen das um 1860 erbaute Wirtshaus Maier, in dem vielleicht auch die Firmengründer Johann Georg Fendt und seine Söhne Hermann und Xaver verkehrten. Während die Fendts ihre Landwirtschaft schon Ende der 1930er-Jahre aufgaben, betrieben die Burgers die ihre bis 1972.

Das heutige Wirtshaus ist ein stattlicher zweigeschossiger Satteldachbau, der 1945 um zwei Speisezimmer und einen Verkaufsladen der eigenen Metzgerei erweitert worden ist. 1972 kam noch der große Festsaal für 200 Personen

und das Speisezimmer, 1997 die neue Braukuchl dazu. Es ist bis heute ein Wirtshaus im volkstümlichen Sinne, eine gastliche Stätte für alle, gutbürgerlich auch für den kleinen Geldbeutel, unprätentiös, soziale Unterschiede hinwegwischend. Das sagt aber nichts über die Qualität des Essens: 1991 erhielt die Küche den Ehrenpreis für Bayerisch-Schwaben im Wettbewerb Bayerische Küche.

Nach einer gesundheitsbedingten Unterbrechung von elf Jahren zwischen 1997 und 2007 führt die Familie das Gasthaus in vierter Generation in Person der Brüder Thomas und Stefan Burger wieder selbst. Stefan Burger ist Küchenchef, wirkt eher im Verborgenen. Thomas Burger, Hotelfachmann (zum Gasthaus gehört noch das Hotel St. Martin), zuständig für den Service, empfängt uns im Ratsstüble, einem gemütlichen, völlig holzvertäfelten Nebenzimmer, aus dem wir sehnsüchtig in den Biergarten, das „Hinterhöfle", schauen, in dem an einem solch herrlichen Sommertag kein freier Platz zu finden ist. 1996 wurde er als „schönster Biergarten des Ostallgäus" ausgezeichnet.

Die Metzgerei hat man inzwischen aufgegeben, erzählt uns Thomas Burger, sie dient heute als „Schmankerlladen" für eilige Gäste, die ihre Brotzeit und ihr Mittagessen mitnehmen wollen. Das Fleisch kommt weiterhin aus der Region, ebenso wie das Gemüse. Er erzählt uns vom samstäglichen Haxengrill mit Musik im sommerlichen Biergarten, von den Wildwochen im Herbst, von den zwei Maibockwochen, von den vielen Stammgästen und Stammtischen und von seiner zahlreichen Laufkundschaft: Das Wirtshaus lebt!

Es gibt hier frisch vom Fass – und nur hier! – das naturtrübe Braukuchlbier, das in der Aktienbrauerei Marktoberdorf eigens für den Burger hergestellt wird. Das erklärt uns, warum es eine Braukuchl und einen Schalander gibt, der bekanntlich Bestandteil einer Brauerei ist, die es hier nicht gibt. „Der Braukessel? Ach wo, reine Dekoration. Wir nennen das unseren Ambienteraum", schmunzlächelt (eine wunderschöne Wortschöpfung von Heinrich Heine) Thomas Burger. Ein heller und lichter Raum mit Kreuzgratgewölbe und hohen Rundbogenfenstern, einem Kennzeichen von Brauhäusern des 19. Jahrhunderts, ist hier entstanden. Der eigentliche Gastraum, die Bierstube, liegt nach vorne hinaus zur Straße, ergänzt durch das Speisezimmer und das schon genannte Ratsstüble.

Links: Die Braukuchl mit dekorativem Braukessel in Kupfer.
Rechts: Den neu erbauten Gebäudeteil ziert ein großes bayerisches Fantasiewappen

Die Speisekarte ist auf den ersten Blick nichts für Vegetarier: Krustenbraten vom Jungschwein mit Semmelknödeln, Bierbäucherl mit Brezenfüllung, Burgerwirtin's Wirsingsstrudel, Hirsch-Edelgulasch, Rehmedaillons oder das Allgäuer Voressen, hinter dem sich saure Kutteln verbergen, oder das XXL Braukuchl-schnitzel – wenigstens gibt es auch Kässpätzle aus dreierlei Allgäuer Käse und ein opulentes Salatbuffet zur Selbstbedienung.

Burger spricht man „Burger" aus, nicht „Börger" (es heißt ja auch Guglhupf und nicht „Googlehupf"). Aber mit dem „Bürger" hat der Burgerwirt, dieses volkreiche und sympathische Wirtshaus, schon sehr viel zu tun.

Gasthof zum Burger

Georg-Fischer-Straße 23
87616 Marktoberdorf

Telefon: 08342 / 2674

www.zum-burger.de

Öffnungszeiten:
Montag–Freitag
9:00–22:30 Uhr
Samstag
9:00–23:00 Uhr
Sonntag
9:00–15:00 Uhr
Ostern und Pfingsten
bis Mittag geöffnet,
Heiligabend geschlossen

Restaurant Lenz im Hirsch in Kempten

Eine kulinarische Institution besonderer Art finden wir im beschaulichen Kemptener Ortsteil Lenzfried: das Landhotel Hirsch mit seinem Restaurant Lenz im Hirsch. Das Haupthaus, ein zweigeschossiger Satteldachbau, hat eine lange Tradition und zählt zu den ältesten Gebäuden in Lenzfried. Der Ort selbst rückt spätestens durch den Bau des Franziskanerklosters St. Bernhardin um 1461 und durch die Fertigstellung des Klosters St. Anna um 1649 ins Blickfeld der Historie. Das Franziskanerkloster steht in direkter Nachbarschaft zum späteren Gaststättengebäude, das es laut einer steinernen Inschrift bereits 1394

als Meierhof gab. 1559 wurde der von seinem Besitzer, Hans Wilhelm von Laubenberg zu Wagegg, an das Stift Kempten verkauft. Wann das Recht verliehen wurde, hier Bier auszuschenken, ist nicht bekannt. Doch ein Gastwirt wird erstmals 1738 erwähnt. Das Korbbogenportal aus Sandstein, das noch heute den Haupteingang des Gasthauses bildet, ist mit 1726 bezeichnet.

Lange war es still um das alte Gebäude an der Lenzfrieder Straße, das bis Anfang der 1990er-Jahre als traditionelle Dorfgaststätte geführt wurde. Dann erwarb die Familie Mauderer das Haus und eröffnete nach einer grundlegenden Renovierung ein über die Grenzen Kemptens hinaus bekanntes italienisches Restaurant sowie das Landhotel Hirsch. 19 Jahre hatte die Osteria Antica Bestand, bevor die Mauderers im Jahr 2015 beschlossen, mit ihrem Gebäude zu den alten Traditionen zurückzukehren – auf ihre eigene Art und Weise. In diesem Jahr ging nach einer erneuten Renovierung das Gasthaus Lenz im Hirsch als das bislang einzige Slow-Food-Restaurant Kemptens an den Start – ein durch und durch junges Wirtshaus mit Sinn für Tradition und ganz und gar regionaler Küche.

„Das Einfache so gut wie möglich zu machen" – so lautet die Maxime des Hauses und setzt damit die Grundbegriffe der Slow-Food-Philosophie um, wie sie Carlo Petrini, Gründer und inter-

Das junge Restaurant Lenz im alten Landhotel Hirsch im Kemptener Ortsteil Lenzfried

Rechts oben: Der frühere Lastenausleger von der Giebelseite des Hauses dient heute als Tisch im Gewölbekeller

nationaler Präsident dieser Bewegung, als Maßstab vorgab: gut, sauber und fair. Und es ist bekanntlich kaum etwas so schwierig wie das Einfache. Das reicht von den Erzeugnissen traditioneller Allgäuer Brauereien über die auf deutsche und österreichische Gewächse konzentrierte Weinkarte bis hin zu Spezialitäten vom Oberallgäuer Rind und vom Schwäbisch-Hällischen Landschwein oder einem sensationellen Hartkäse, der seine besondere Qualität einer bis zu fünfjährigen Reifung in einem ehemaligen Kemptener Klosterkeller verdankt.

Gleich beim Betreten der Gaststube wird klar, dass sich hier traditionell und jung nicht ausschließen. Der große Raum ist wie eine bayerische Wirtshausstube ausgestattet: Holztische und Stühle, Holzboden und schwere, dunkle Deckenbalken, die aus dem alten Bestand des Hauses stammen und nach der letzten Renovierung als Zierbalken wieder unter die neue Decke eingezogen wurden. Die Wände sind terrakottafarben verputzt, eine ledergepolsterte, umlaufende Sitzbank soll bald folgen.

Tritt man durch einen breiten Rundbogen, steht man nicht mehr auf dem Parkett der Gaststube, sondern auf original Solnhofener Platten, die vor der Theke verlegt wurden. Über ihrer massiven Eichenplatte schwingt sich das Gewölbe in mehreren Bögen. Vortrefflich lässt sich hier nach dem Essen noch einer der zahlreichen Obstbrände oder Liköre genießen – natürlich alle aus der Region.

Der Nebenraum, vorwiegend als Frühstücksraum für die Übernachtungsgäste des Hotels oder als Ergänzung des Hauptraumes bei größeren Feiern genutzt, ist ein weiteres ehrgeiziges Projekt der Familie Mauderer. Getreu dem Grundkonzept einer modernen Interpretation des traditionellen Wirtshauses entsteht hier ein zweigeteilter Raum: die eine Hälfte modern, die andere klassisch. An einer Wand hängen Bilder des Gebäudes aus vergangenen Zeiten, auf denen man den Holzbalken, an dem früher Lasten am Giebel hochgezogen wurden, erkennt. Diesen Ausleger findet man heute im Gewölbekeller des Hauses, wo er bei Feiern und Veranstaltungen als Stehtisch dient. Der Keller ist größtenteils verputzt und gefliest und erhält seinen besonderen Charme durch ein Tonnengewölbe, unter dem es sich trefflich plauschen oder tanzen lässt. Bis Anfang der 1990er-Jahre war hier die Schießanlage des Schützenvereins Lenzfried beheimatet.

Einen besonders schönen Platz findet man im Sommer im Biergarten des Hauses. Unter vier großen Schirmen laden gemütliche Garnituren aus Rattan zum Verweilen, auf denen der Gast, dem Slow-Food-Konzept des Hauses entsprechend, ausgewählte Speisen und Getränke von der kleinen Karte genießen kann.

Restaurant Lenz im Hirsch

Lenzfrieder Straße 55
87437 Kempten im Allgäu

Telefon: 0831 / 574000

www.hirsch-kempten.de

Öffnungszeiten:
täglich ab 18:00 Uhr

Hotel-Gasthof zur Kapelle in Nonnenhorn

Im kleinen, beschaulichen Ort Nonnenhorn am Bodensee steht das Landgasthaus zur Kapelle. Der zweigeschossige Satteldachbau mit großem Zwerchhaus – also mit einem in der Flucht der Gebäudewand angebrachten Anbau mit eigenem Giebel und Dach – wurde im Jahr 1803 fertiggestellt und ging 1891 in den Besitz der Familie Witzigmann über. Ihren Namen verdankt die Wirtschaft der St. Jakobus-Kapelle in direkter Nachbarschaft. Das Gasthaus steht am Kapellenplatz, dem historischen Ortsmittelpunkt von Nonnenhorn, nur rund 150 Meter vom sonnigen Nordufer des Bodensees entfernt und in unmittelbarer Nähe zum Nonnenhorner Strandbad sowie zum Schiffsanleger. Der Kapellenplatz als Ganzes, als das Ensemble von Kapelle, Gasthaus und zwei Wohnhäusern, steht unter Denkmalschutz.

Heute führt Küchenmeister Hans-Jörg Witzigmann gemeinsam mit seiner Frau den Gasthof in vierter Generation. Mit Traditionsbewusstsein und Offenheit bieten sie in den Stuben des Hauses

sowie in der großen Gartenwirtschaft eine regionale, vielseitige Küche. Besondere Spezialitäten sind verschiedene Wildentenzubereitungen und natürlich die Gerichte aus frischem Bodenseefisch. Im Sommer wird man diese am liebsten im Schatten der alten Linden in der Gartenwirtschaft genießen. Die gepolsterten Möbel auf weißem Kies machen den Platz vor dem alten Haus bei einem Viertele Nonnenhorner Wein zu einem Ort der Ruhe und Erholung, an dem man die romantische Atmosphäre des Kapellenplatzes in vollen Zügen genießen kann. Ein weißer Gartenzaun und bunt bepflanzte Blumenbeete umgrenzen die Wirtschaft.

Die halbhohe Vertäfelung der Jakobusstube stammt aus der Bauzeit des frühen 19. Jahrhunderts. Gleiches gilt für den traditionellen grünen Kachelofen, an dem der gut 150 Jahre alte hölzerne Stammtisch steht. Mit seinen vielen Gravuren sowie den eingeritzten Namen und Abkürzungen in der massiven, runden Tischplatte ist er ein Zeitdokument des Zweiten Weltkriegs und der direkten Nachkriegsjahre. Angefangen mit Karl Späth, dem ersten Nonnenhorner, der damals eingezogen wurde und sich während des Fronturlaubs im Tisch verewigte, bis hin zu französischen Besatzungssoldaten reichen die Monogramme, Symbole und teilweise künstlerischen „Ritzereien". Oftmals waren sie vielleicht die letzten „schriftlichen" Zeugnisse der Soldaten vor ihrem Tod – so wie bei Karl Späth, der nie aus dem Krieg zurückkehren sollte. Deshalb entschloss man sich Mitte der 1960er-Jahre, die Tischplatte zu lackieren und so die Inschriften zu erhalten. Über dem Tisch hängt eine in den 1930er-Jahren handgefertigte Lampe mit Miniaturnachbildungen der landwirtschaftlichen Geräte aus dem Weinbau.

Oben: In der Jakobusstube gibt es noch die alte umlaufende Wirtshausbank.
Links: Der alte Gasthof ist nach der benachbarten St. Jakobus-Kapelle benannt

Im Sommer will auch der Biergarten bedient werden

Die halbhoch vertäfelte Forsterstube hat ihren Namen von Conrad Forster, der den radikaldemokratischen Revolutionär und Freiheitskämpfer Carl Schurz nach der Märzrevolution 1848 hier vor den Truppen des Königs versteckt haben soll. Eine weitere Geschichte besagt, dass Forster eben jenen Schurz in einer Nacht-und-Nebel-Aktion sogar über den Bodensee in die Schweiz gebracht habe. Diese Mähr hält einer Überprüfung jedoch nicht stand, da Schurz, der später in den USA Berater von Abraham Lincoln und schließlich unter Präsident Rutherford B. Hayes Innenminister der Vereinigten Staaten werden sollte, in seinen Memoiren schreibt, dass seine Flucht ihn von Rastatt aus über den Rhein, ins Elsass und von dort aus in die Schweiz geführt habe.

In der Forster- und der Jakobusstube findet das Tagesgeschäft des Wirtshauses statt. Durch Erstere gelangt der Gast in die Carl Schurz Stube, eine ehemalige Fasshalle, die bereits 1936 zum festlichen Saal für 100 Personen ausgebaut wurde. Von der Holzdecke hängen vier geschnitzte Lampen aus den 1930er-Jahren – eine von ihnen mit dem Motiv der Jakobuskapelle, eine in Form eines Lastschiffes, mit dem früher Weinfässer über den Bodensee transportiert wurden, und eine in Form eines Affen, der sich an einem Bierkrug gütlich tut. Wie dieser Affe in das Gesamtbild einzuordnen ist, entzieht sich der Kenntnis der heutigen Wirtsleute; mag sein, dass es daher kommt, dass man nach zu viel Alkohol „einen Affen herumträgt“, wie man früher einen Rausch umschrieb. Die Fotos an den Wänden des in Gelb- und Terrakottatönen gehaltenen Saals sind aktuelle und alte Familienbilder mit amüsanten Bildunterschriften. Chef Hans-Jörg Witzigmann ist hier sowohl als Kind als auch als aktiver Koch zu bewundern. Teilweise gehen die Aufnahmen auch deutlich weiter zurück, so etwa jene, die mit „Nette Runde im Kapellengarten“ unterzeichnet ist. Hierauf ist Elise Kurz als junge Frau zu sehen. Die heute 97-Jährige war von 1935 bis 1945 im Haus beschäftigt und ist die Schöpferin der in der

Unten: Stammtisch mit vielen alten Gravuren, die als Zeitdokument konserviert sind

Gastwirtschaft und vor allem auf den Fensterbänken des Saals verteilten Porzellan-Enten. Die zur Spezialität des Hauses passenden Dekorationsstücke werden noch heute von der in Dortmund lebenden Rentnerin getöpfert und größtenteils dort in einem Eine-Welt-Laden verkauft. Mehrmals pro Jahr kommt die langjährige Freundin des Hauses nach Nonnenhorn und versorgt den Gasthof persönlich mit neuen Enten, die ausgestellt und von den Gästen erworben werden können. Die Erlöse gehen an Elise Kurz' Kirchengemeinde in Dortmund. Unverkäuflich ist nur das erste jemals von ihr getöpferte Exemplar, das sie den damaligen Wirtsleuten zum Geschenk machte. Wie der Verfasser dieser Zeilen bestätigen kann, trifft man Frau Kurz mit ein bisschen Glück tatsächlich noch heute unter einer der Linden in der Gartenwirtschaft.

Hotel-Gasthof zur Kapelle

Kapellenplatz 3
88149 Nonnenhorn

Telefon: 08382 / 8274

www.witzigmann-kapelle.de

Öffnungszeiten:
März–Oktober:
täglich
07:00–23:00 Uhr
Warme Küche
11:30–22:00 Uhr
November–Dezember:
Warme Küche
11:30–14.00 Uhr
und 18:00–21:00 Uhr
Ruhetag: Donnerstag

Hotel & Gasthaus Adler in Nonnenhorn

Nonnenhorn, der charmante Wein- und Luftkurort, ist ein beliebter Urlaubsort am Nordufer des Bodensees. In der südwestlichsten Gemeinde Bayerns, direkt an der Grenze zu Baden-Württemberg, stehen den Besuchern rund 1000 Betten in Pensionen, Gästehäusern und Privatzimmern zur Verfügung. Der Ort selbst zählt nur etwa 1800 Einwohner. Wandern, Radfahren, Schwimmen oder Schiffsausflüge – gerade für Aktivtouristen gibt es in der ländlich geprägten Region um Nonnenhorn zahlreiche Möglichkeiten der Freizeitgestaltung. Und als historisch gewachsener Weinort, in dem Obstbauern und Winzer von jeher Äpfel, Birnen und Trauben anbauen und zu Obstbränden und den bekannten Bodenseeweinen verarbeiten, ist Nonnenhorn natürlich auch Gourmets ein Begriff. Auf dem Wappen der Gemeinde sind bis heute die namensgebende Nonne sowie ein Füllhorn abgebildet, aus dem goldene Weintrauben, eine goldene Birne und ein goldener Apfel quellen. Für die Besucher stellt der dreieinhalb Kilometer lange „Genießerweg“ quer durch Nonnenhorn die wichtigsten Apfel- und Rebsorten der Region vor und erläutert die Kunst des Obst- und Weinbaus. Einen wunderbaren Blick auf den See und auf die Alpen haben wir auf diesem Lehrpfad am Ortsrand in der Sonnenbichlstraße. Hier, inmitten von Obstbäumen und Weingärten, führt in der mittlerweile elften Generation seit 2014 Christoph Marte gemeinsam mit seinem Vater Wolfgang das Gasthaus Adler. Das 1815 erbaute Gebäude war bis zum Jahr 1990 das Wohnhaus der Familie, wurde bereits seit 1828 durchgehend auch als Gaststätte im Familienbesitz betrieben.

Der kaiserlich-habsburgische Doppeladler erinnert an die österreichische Herrschaft vor 1805

Dieser Kombination von traditioneller Gastwirtschaft und schon immer dagewesener Nähe zur Familie ist es sicherlich zu verdanken, dass im Adler eine ganz besonders herzliche Atmosphäre herrscht. „Das hier ist mein Geburtshaus und das Geburtshaus meines Vaters, das meines Großvaters und der Generationen vorher. Die Gastwirtschaft in diesem Haus ist kein Geschäft, sie ist unser Leben", erklärt Wolfgang Marte völlig ohne Pathos, und man spürt, dass er es ernst meint. Die Martes entscheiden sich nicht für die Gastronomie, sie werden seit Generationen in sie hineingeboren. Und schon immer werden auch die Gäste im Adler behandelt, als gehörten sie zur Familie. Seit 1904 stehen den Besuchern, die dieses Gefühl ein bisschen länger als nur für eine Mahlzeit genießen wollen, zudem Gästezimmer zur Verfügung.

Die andernorts so kränkelnde Stammtischkultur erfreut sich im Adler bester Gesundheit: An sechs Tagen in der Woche kommen regelmäßige Gastrunden, wie die jungen Handwerker, die Altherrenmannschaft des Fußballvereins SV Nonnenhorn, der Damenstammtisch, die Schafkopfrunde oder die Rentner, zu denen auch Wolfgangs Martes Vater zählt, auf Bier, Wein, einheimische Spezialitäten und fangfrischen Fisch ins Traditionshaus. Dafür, dass die Gäste immer wieder kommen, sorgt der chef de cuisine Wolfgang Marte, der als gelernter Koch die Küche regiert.

Der Adler ist eine Mischung aus alt und modern. Äußerlich erinnert er mit dem Habsburger Doppeladler im Wirtshausausleger und auf den Fensterläden sowie mit seiner Fassade in leuchtendem Maria-Theresia-Gelb an die Zeit der österreichischen Herrschaft über die Region (1763–1805). Hinter dem verglasten Eingangsbereich aus dem Jahr 1972 tritt der Besucher durch das alte Sandsteinportal und die Holztür aus dem Jahr 1815 in das Haus „Dexler", wie das Gebäude hieß, bevor auch in Nonnenhorn das Prinzip der Hausnummern eingeführt wurde. Der Hauptraum, in dem die lange Theke und der wunderbare runde Stammtisch stehen, sowie die kleine Stube stammen samt Einrichtung, Boden und Decke aus den 1970er-Jahren. In den beiden offen ineinander übergehenden Räumen zeigen alte Fotografien an den Wänden, wie das Haus vorher ausgesehen hat. Von der mannshohen Standuhr im Hauptraum erzählt Chef Wolfgang Marte, dass sie im Jahr 1895 von dem

Gastraum mit Boden und Decke aus den 1970ern

Pfarrer aus Oberreitnau aus Dank für die herzliche Aufnahme im Adler dem Haus geschenkt wurde. Seither tickt sie ganz richtig in der Gaststube.

Eine Besonderheit des Hauses ist der große Wintergartenanbau mit 60 Sitzplätzen, der die Philosophie der Familie, das Alte mit dem Neuen zu verbinden, bestens vermittelt. Der sonnendurchflutete Raum ist gefliest und mit Olivenbäumen, einigen Birkenfeigen und Kakteen begrünt sowie mit einem alten Weinfass und zahlreichen Weinflaschen dekoriert. Die Flaschen stehen auf einem historischen Dachbalken des Hauses von 1815, der bei jüngsten Umbaumaßnahmen am Dachstuhl erhalten werden konnte und jetzt als dekorative Ablage an der Außenwand des Hauses im Wintergarten angebracht ist. Allen Weinliebhabern sei gesagt, dass es sich bei den Flaschen natürlich nicht um irgendeinen Wein handelt. Die Familie Marte hat nämlich als passionierte Winzerfamilie eine ebenso lange Tradition wie als Wirte. Schon bevor ab dem Jahr 1828 die ersten Gäste mit Speisen versorgt wurden, konnte man an gleicher Stelle hausgekelterten Wein trinken. Erst 1991 trennte die Familie die Landwirtschaft und den Weinbau von der Gastwirtschaft. Wolfgang Marte übernahm die Wirtschaft, sein Bruder Reinhard den Winzerbetrieb. Nur wenige Meter vom Gasthaus werden von ihm auf dem familieneigenen Weingut Reben angebaut und verarbeitet. Die hier produzierten Nonnenbichler Weine aus Spätburgunder und Müller-Thurgau, den bedeutendsten Rebsorten am Bayerischen Bodensee, schmecken selbstverständlich am besten im Adler.

Ein großer Wintergarten lädt zum Verweilen ein

Hotel & Gasthaus Adler

Sonnenbichlstraße 25
88149 Nonnenhorn

~

Telefon: 08382 / 8234

~

www.hotel-adler.de

~

Öffnungszeiten:
Dienstag–Sonntag
10:00–14:00 Uhr
und 17:00–23:00 Uhr
Ruhetag:
Montag

Der Seewirt in Nonnenhorn

Wir schreiben das Jahr 1617. Europa steht kurz vor einem der verheerendsten Kriege der Geschichte, als in Nonnenhorn, der heute südwestlichsten Gemeinde Bayerns, direkt am malerischen Ufer des Bodensees, ein massives Haus mit breiten, steinernen Grundmauern errichtet wird. Zwar gehen die schriftlichen Unterlagen zum Haus in den folgenden Kriegswirren verloren, doch das zweigeschossige Gebäude mit dem steilen Satteldach übersteht die zerstörerische Zeit. Erst in den 1830er-Jahren gibt es wieder gesicherte Quellen über die Geschehnisse im Seewirt, dem Gasthof, um den es hier geht. Zu jener Zeit wird das Haus von einer Familie Wezler betrieben, die den Bauern der Umgebung, Handwerkern, Händlern, Fischern und Seeleuten hier ihre Halbe Seewein anbieten. Der Name Fischerstube hat sich zu dem Zeitpunkt bereits als fester Begriff in der Bevölkerung etabliert. Die Stube gibt es noch heute: Sie ist der am vorzüglichsten erhaltene historische Raum der Seewirtschaft, die seit 1884, mittlerweile in der fünften Generation, von der Familie Lanz betrieben wird.

Zunächst zur Pacht übernommen, ging das Gasthaus 1895 ganz in den Besitz der Familie über. Daran, dass die Wirtschaft lange Zeit Zum Engel hieß, erinnert heute nur noch der Ausleger des

Das Hirschgeweih mit aufgedruckter Kaiserkrone kam als Zahlungsmittel eines Gastes ins Haus. Rechts: Die Fischerstube

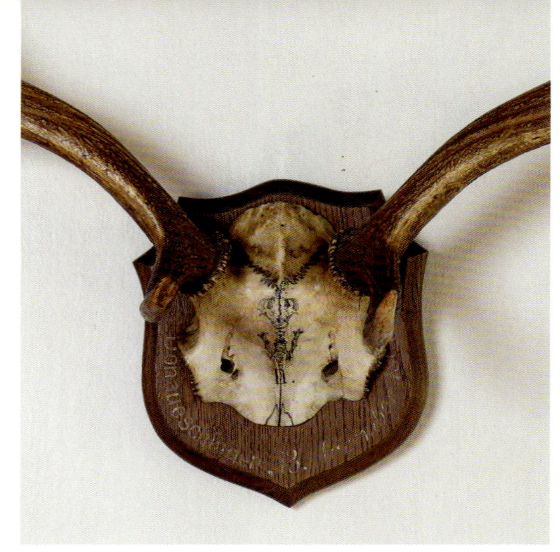

Hauses, in dem ein goldener Engel zu erkennen ist. In den Köpfen der Menschen war das Wirtshaus direkt am Seeufer immer der Seewirt, und so entschied man sich, den Namen Engel langsam zurückzunehmen: Hieß es unter Hermann Lanz' Großvater noch Gasthof Engel Seewirt, wurde daraus unter Hermann Lanz sen. der Seewirt. Die Glanzzeit des Gasthauses begann aber bereits früher, als 1922 in direkter Nachbarschaft das damals schönste Strandbad in weitem Umkreis eingeweiht wurde. Die Badegäste kamen in Scharen – und gegessen wurde im Seewirt. 1932 kaufte die Familie das Nachbarhaus, heute Landhaus, dazu und richtete Gästezimmer ein. Die Grundlage für die erfolgreiche Entwicklung war gelegt. Seit 2014 führt Hermann Lanz das Familienunternehmen, wobei er sich der Unterstützung seines Vaters, Hermann Lanz sen., jederzeit gewiss sein kann.

Außer der Gastwirtschaft im Stammhaus gehören zum Unternehmen der Familie das Landhaus mit Gästezimmern und einer eigenen Badelandschaft im Erdgeschoss sowie das Seehaus, in dem sich neben weiteren Fremdenzimmern auch eine betriebseigene Konditorei, eine Fahrradgarage sowie der Eisverkauf befinden. Gespeist wird im Seewirt aber traditionell im Stammhaus. Neben der Fischerstube gibt es hier einen modernen Restaurant- und Lounge-Bereich für rund 110 Gäste. Der 2015 komplett renovierte Abschnitt des Hauses wurde 1966 an das historische Gebäude angebaut. Die bis zu diesem Zeitpunkt am Haus gelegene Kegelbahn, in der sich seinerzeit noch der Großvater ein paar Pfennige durch das Aufstellen der Kegel verdient hatte, war damit leider Geschichte.

Eine bemerkenswerte Geschichte erzählen kann hingegen die kleine Fischerstube. Die erste Gaststube des Hauses verfügt beispielsweise noch immer über die original Lindauer Tonnendecke aus dem 17. Jahrhundert. Und auch die Bemalung mit den typischen, herzförmigen Lindenblättern besteht, wissenschaftlich belegt, noch immer aus Farbpigmenten jener Zeit. Ihre bis heute ungebrochene Strahlkraft erhält sie nach Aussage des Seniors durch eine Politur aus Bienenwachs, die von jeder neuen Hausbesitzergeneration einmal aufgetragen wird. Der gute Zustand der Decke ist umso bemerkenswerter, wenn man bedenkt, dass der Seewirt im Zweiten Weltkrieg beschlagnahmt wurde, um evakuierte Frauen und Kinder zu beherbergen, anschließend bis Kriegsende Wohnheim und Kantine für Arbeiter der Firma Dornier war und zu guter Letzt den französischen Besatzungstruppen als Lagerstätte diente. Die Fischerstube im Erdgeschoss wurde von den Soldaten als Pferdestall genutzt. Nachdem Ross und Reiter das Lager wieder verlassen hatten, erhielt die Familie 1949 das ausgeplünderte und heruntergewirtschaftete Haus zurück. 1952 begann die Renovierung der Fischerstube, wobei der historische grüne Kachelofen und die Decke erhalten blieben.

Heute steht die kleine Stube den Gästen im ganz normalen Tagesgeschäft zur Verfügung. Alle angebotenen Gerichte, wie die schwäbischen Maultaschen, Käserösti mit Schinken, Rumpsteak vom Allgäuer Rind oder die diversen Bodenseefische je nach Fang, direkt vom Nonnenhorner Fischer, werden in der Küche des Hauses frisch und von Hand zubereitet; genauso wie das Eis zum Nachtisch, dem die vielen heimischen Früchte und Beeren das jeweilige Aroma verleihen. Platz nehmen wir auf dem Mobiliar, das um das Jahr 1915 vom Urgroßvater des heutigen Seniors geschreinert wurde. Und wem nach dem Genuss des Essens auffallen sollte, dass er seinen Geldbeutel verlegt hat, der darf sich im Seewirt, geschichtlich gesehen, in illustrer Gesellschaft wissen: Der auffälligste Dekorationsgegenstand in der Fischerstube ist ein Hirschgeweih an der Wand. Die aufgedruckte kaiserliche Krone, das große „W" und die Jahreszahl 1906 weisen es als ein vom Deutschen Kaiser und König von Preußen, Wilhelm II., geschossenes Tier aus dem kaiserlichen Forst aus. Wie Hermann Lanz sen. berichtet, soll der Kaiser es einem seiner Chauffeure geschenkt haben, der damit schließlich im Seewirt seine Rechnung zahlte.

Weitere rund 100 Plätze finden sich vor der Tür des Gasthauses im Garten. Auf bequemen Korbmöbeln kann man hier im Schatten alter Bäume den Blick, am Seebad vorbei, über den See streifen lassen und entspannen. Für Kinder gibt es gleich neben der Gartenwirtschaft einen kleinen Spielplatz, den Familie Lanz vorsorglich zur Straße hin eingezäunt hat.

Die Fischerstube besitzt noch eine alte Lindauer Tonnendecke aus dem 17. Jahrhundert mit originaler Farbgebung

Der Seewirt

Seestraße 15
88149 Nonnenhorn

Telefon: 08382 / 988500

Öffnungszeiten:
Täglich 07:30–23:00 Uhr
Warme Küche 12:00–17:00 Uhr
und 18:00–21:00 Uhr
Kaffee und Kuchen
13:00–18:00 Uhr
Ruhetag: Dienstag

Hotel-Gasthof Adler in Lindau-Oberreitnau

Der Lindauer Stadtteil Oberreitnau liegt nördlich der Kernstadt. Hier steht seit über 450 Jahren der Gasthof Adler, der damit eines der ältesten durchgehend als Gasthaus betriebenen Häuser im Kreis Lindau ist. Die Geschichte der Taverne zum Schwarzen Adler, wie sie früher hieß, geht sogar noch weiter zurück. 1468 wird sie erstmals urkundlich erwähnt, 1560 wurde sie abgerissen und in Riegelfachwerkbauweise neu errichtet, weshalb dieses Jahr als Erbauungsjahr tradiert wird. Seither hatte das Haus nur vier verschiedene Eigentümerfamilien – schon seit 1938 ist es die Familie Strodel. Allerdings wäre das historische Gebäude der Familie anfangs fast zum Verhängnis geworden: Als Anton Strodel und seine Frau Kreszentia das Haus damals kauften, war dessen miserabler Zustand zwar durchaus bekannt. Zeitungsberichte aus jener Zeit sprechen von einer „Ruine“, in der man durch die Böden bis in den Keller durchbrechen könne. Aber das Paar hatte nicht damit gerechnet, unter dem Putz auch noch altes Fachwerk zu finden, dessen Erhaltung der damals zuständige Baurat verfügte. Die Renovierungskosten trieben die beiden an den Rand des Ruins. Doch der Aufwand lohnte sich: Schnell nach der Wiedereröffnung entwickelte sich der Gasthof zum beliebten Treffpunkt, und schon in den 1950er-Jahren konnten Gästezimmer für die ersten Bodenseetouristen eingerichtet werden. 1977 wurde der zweigeschossige Fachwerkbau für seine großartige Fassade ausgezeichnet. Als die zweite Generation Strodels das Haus übernahm, folgte 1987/88 die nächste große Renovierung,

Die Bauernstube mit alten Bildern und Herrgottswinkel

in der unter anderem der zweigieblige Anbau entstand und die Gasträume komplett überarbeitet wurden. Nach der Wiedereröffnung erhielt der Adler einen weiteren Preis für seine Fassade.

2011 übernahm der gelernte Koch Anton Strodel die Leitung des Traditionshauses, nachdem er bereits im Jahr 2000 seine Gesellenprüfung mit der Gesamtnote 1,0 so gut bestanden hatte wie kein anderer Schüler im Bereich der Lindauer IHK im zurückliegenden Jahrzehnt. Er bietet seinen Restaurantgästen heute eine große Auswahl an gutbürgerlichen, regionalen Gerichten, wobei die Fischgerichte mit frischen Bodenseefischen und die umfangreiche Steakkarte mit Fleisch aus dem Allgäu herausstechen. Außerdem liegt bis heute ein Brennereirecht auf dem Haus, sodass die ausgeschenkten Brände und Liköre tatsächlich alle aus eigener Herstellung stammen. Genossen werden diese Spezialitäten in einer der drei Stuben des Hauses. In der Bauernstube sitzt der Gast dabei sogar noch unter den bauzeitlichen Deckenbalken aus dem Jahr 1560. Holzparkett, eine umlaufende Sitzbank, ein Kachelofen und einige Porzellanteller sowie Geweihe an der Wand sorgen dafür, dass die einheitlich in Rot gehaltene Bauernstube ihren Namen zu Recht trägt

Der größte Gastraum im Haus ist die Bodenseestube. Auch hier gibt es Parkett und eine schwere hölzerne Kassettendecke, die bei der Renovierung 1987 eingezogen wurde. Bis zu 60 Gäste haben Platz auf dem gediegenen Holzmobiliar. Die dezente Dekoration der Wände mit Porzellantellern und einigen Bildern wird ergänzt von einem gemalten Porträt von Anton Strodel, dem Großvater des aktuellen Wirts. Das Bild erinnert an den Mann, der nicht nur das Haus einst in die Familie holte, sondern auch, nach Auskunft des Enkels, Lindau mit Andechser Bier versorgte. Er machte sich damals auf den Weg zur Brauerei in Oberbayern und überzeugte sie davon, ihr Bier in Lindau ausschenken zu dürfen. Heute ist der Gasthof Adler offizieller Botschafter der Andechser Klosterbrauerei.

Zwischen den beiden großen Gaststuben liegt die besonders gemütliche kleinere Adlerstube. Sie ist vollständig mit Holz vertäfelt. In einer Ecke des Raumes steht ein betagtes Klavier. An diesem Instrument saß schon Strodels Großmutter Kreszentia in den 1950er-Jahren und spielte für die Gäste. Damals war sie die einzige, die es spielen konnte, da es nie gestimmt wurde und nur sie es

Der Adler ist im gleichnamigen Gasthof allgegenwärtig: im Wirtshaus-Ausleger sogar als kaiserlicher Doppeladler mit Reichsapfel und Zepter sowie der Jahreszahl 1560

verstand, dem widerspenstigen Instrument harmonische Töne zu entlocken. Manchmal lässt es sich das weibliche Oberhaupt der Familie auch heute nicht nehmen, ein wenig zu spielen, doch anders als früher können sich heute auch musikalische Gäste gerne an das mittlerweile gestimmte Instrument setzen. In der Adlerstube fallen besonders die Stühle mit ihren geschwungenen Lehnen auf. Sie wurden 1987 von einem Schreiner extra angefertigt. Vorhänge und Sitzpolsterungen sind hier in einem hellen Blau gehalten. Als mittlerer der drei Räume ist die Adlerstube mit den beiden anderen Wirtsstuben jeweils durch Fenster verbunden, was den an sich kleinen Raum ein wenig weitläufiger erscheinen lässt.

Im Sommer genießt man im Adler vorwiegend den Biergarten. Der wunderschön gestaltete Garten erinnert an eine Parkanlage, mit breiten, geschwungenen Pflasterwegen und saftigem Grün, auf dem die Tische unter hohen Linden im natürlichen Schatten stehen. Von hier aus lässt sich auch die mehrfach ausgezeichnete Fachwerkfassade am besten bewundern.

Eine kleine Besonderheit zum Schmunzeln und Staunen entdecken wir in einer Vitrine im Eingangsbereich des Hauses. Hier hat Anton Strodel filigrane Zuckerarbeiten aus der Zeit seiner Ausbildung ausgestellt. 2004 gemacht, hätten die fragilen Figuren längst in sich zusammensinken sollen, aber luftdicht unter Glas glänzen Hummer, Schwan, Pferd und Koch noch heute wie am ersten Tag. Eine Augenweide und gleichzeitig ein süßer Empfang im Gasthof Adler!

Das Haus schließt übrigens jedes Jahr von Mitte Dezember bis Anfang März seine Türen für Renovierungsarbeiten – schließlich braucht ein so kostbares historisches Wirtshaus regelmäßige Pflege. Danach werden dann wieder die Gäste restauriert.

Hotel-Gasthof Adler

Bodenseestraße 16
88131 Lindau

Telefon: 08382 / 5268

www.adler-lindau.de

Öffnungszeiten:
täglich 08:30–14:30 Uhr
und 16:30–22:00 Uhr
Ruhetag: Donnerstag

Hotel Restaurant Alte Post in Lindau

Die Stadt Lindau mit ihrer historischen Altstadt auf der Insel Lindau ist eines der wichtigsten touristischen Ziele am Bodensee. Die vom Tourismusverband Lindau im Jahr 2012 gezählten 800 000 Übernachtungen sprechen eine klare Sprache: Die zweitgrößte Insel in Deutschlands größtem Binnengewässer liegt im Trend. Sie ist vom Lindauer Stadtteil Aeschach auf dem Festland durch den Kleinen See getrennt, der durch die 150 Meter lange Landtorbrücke im Osten und den 410 Meter langen Eisenbahndamm im Westen begrenzt ist. Auf der Insel selbst leben etwa 3000 Menschen. Die Besiedlung begann bereits im 9. Jahrhundert mit dem Unserer Lieben Frau unter den Linden geweihten Kanonissenstift Lindau. Das Kloster gilt als Keimzelle der Stadt. Als im 11. Jahrhundert der örtliche Markt vom Festland auf die Insel verlegt wurde, nahm die Besiedelung Fahrt auf. Im Jahr 1275 wurde Lindau zur freien Reichstadt. Das wohl bekannteste Wahrzeichen ist heute die Hafeneinfahrt der Insel mit dem 36 Meter hohen Leuchtturm und dem 50 Tonnen schweren, sechs Meter hohen bayerischen Löwen aus Kelheimer Sandstein.

Nur wenige hundert Meter entfernt, in der Fischergasse, steht das Gasthaus Alte Post. Wie der Name verrät, befand sich hier früher die Poststation der Insel: Seit 1625 ein Postamt der

Die Alte Post – Traditionsgasthaus seit 1880

reitenden und fahrenden Post der Thurn und Taxis, unterstand es dem Oberpostamt Augsburg; von 1806 bis 1808 war es Thurn und Taxis'sche Lehenspostanstalt im Königreich Bayern. Die Gasse hieß damals auch folgerichtig noch Postgasse, bis sie 1885 umbenannt wurde. Das dreigeschossige Eckhaus mit Satteldach wurde um das Jahr 1700 erbaut und bald schon von seinen Nachbarn, den Gerbern, vor der völligen Zerstörung bewahrt: Diese sollen das Gebäude während der großen Lindauer Stadtbrände von 1720 und 1728 mit nassen Fellen gerettet haben. 1872 erwarb schließlich Carl Zeiß das Haus. Sein Antrag, Gäste beherbergen zu dürfen, wurde zunächst abgelehnt, doch schon drei Jahre später durfte sein Pächter, Konrad Wiedemann, Gästen Kaffee sowie warme und kalte Speisen servieren. Ab dem Jahr 1880 ist dann auch der Beherbergungsbetrieb belegt. 1950 kaufte die Lindauer Inselbrauerei das Gebäude von der Familie Zeiß und ist bis heute Besitzer. 1987 übernahm Ingrid Manz das Gasthaus, renovierte es und gab der Gaststube ihr heutiges Aussehen.

Seit nunmehr drei Jahrzehnten drückt die gebürtige Steierin dem Haus ihren Stempel auf – das passt doch zu einem alten Postamt, oder? Mit ihrer Devise „Wertigkeit in allen Produkten" hat sie die Alte Post bis nach Übersee zu einer begehrten Adresse gemacht. Ganz in Rot verputzt, mit weißen Fensterläden, strahlt das Haus über den kleinen Vorplatz, auf dem sich unter Sonnenschirmen die Freisitze befinden. Knapp 50 Meter sind es von hier bis zur Uferpromenade, und bereits ab dem frühen Morgen schlendern Menschen entlang des Platzes in Richtung See. Ein aufgemaltes gelbes Posthorn ziert den Namenszug an der Giebelseite des Hauses, und über der Eingangstür weist ein Schild auf das Erbauungsjahr 1700 hin. Die Gaststube ist ganz im Sinne der gelernten Köchin gestaltet. Insgesamt 80 Sitzplätze verteilen sich über zwei Räume, wobei wir vom Hauptraum durch einen großen, vertäfelten Wanddurchbruch in den lichtdurchfluteten Nebenraum schauen. Dadurch verschmelzen beide Räume auf den ersten Blick zu einem großen Gastraum, der mit den hellen Bodenfliesen, dem dunklen Holz der Vertäfelung und des Mobiliars sowie den rot-grau gestreiften Polsterungen der Stühle sehr edel wirkt. Gegenüber dem Eingang verläuft fast über die gesamte Breite des Raumes die in hellerem Holz verkleidete Theke. Überall im Gasthaus stehen frische Blu-

Für den allzeit frischen Blumenschmuck sorgt die Wirtin selbst

menarrangements und von Ingrid Manz handverlesene Dekorationsstücke. Wie die Chefin erzählt, wechselt die Dekoration in der Alten Post mit den Jahreszeiten, wobei der Advent ihre persönliche Lieblingszeit im Wirtshaus ist. Dann kann sie mit ihrer Liebe zum Backen einen noch engeren Gästekontakt pflegen, als sie es sowieso schon das ganze Jahr über tut. Bis zu einer Tonne Feingebäck stellen sie und ihre drei Köche dann laut eigenen Angaben für die Gäste her. „Es macht mir einfach Freude, wenn die Gäste zufrieden sind", erklärt sie ihr Engagement schlicht und fügt an: „Wenn unsere Übernachtungsgäste schlechtes Wetter erwischen, dann stelle ich ihnen als kleine Überraschung auch mal einen Kuchen aufs Zimmer."

Auch wenn es bei diesen Verlockungen schwer fällt, sollte man sich in der Alten Post aber immer noch etwas Platz für die Kreationen der steierisch-schwäbischen Küche lassen. Typisch schwäbische Kässpätzle gibt es hier genauso wie das Schnitzel „Grazer Art" mit Kürbiskernpanade oder das fangfrische Felchenfilet aus dem Bodensee mit Mandelblättchen-Butter. Gerichte wie diese haben der Wirtin sogar schon den Titel „Ehrenbrandmeisterin" der Lindauer Feuerwehr eingebracht. „Für langjährige und engagierte Unterstützung" steht auf der Urkunde … „Weil ich sie immer so gut bekoche", erklärt Manz mit einem Schmunzeln. Sie habe schon als Kind gewusst, dass sie Köchin werden wolle, und mit der Alten Post erfüllte sie sich ihren Traum. Wer die Insel Lindau besucht, der sollte es sich nicht entgehen lassen, für einen Moment Teil dieses Traums zu werden.

Der Gastraum besticht durch seine edle Vertäfelung

Hotel Restaurant Alte Post

Fischergasse 3
88131 Lindau im Bodensee

Telefon: 08382 / 93460

www.alte-post-lindau.de

Öffnungszeiten:
täglich
11:00–14:30 Uhr
und 17:00–23:00 Uhr
Von 22. Dezember
bis Anfang März
geschlossen

Galerie und Weinstube zur Fischerin in Lindau

Die Bodenseestadt Lindau ist in vieler Hinsicht einzigartig: Sie liegt auf einer Insel, die nur über eine Bahnbrücke und eine Straße erschlossen ist, und ihre Altstadt steht insgesamt unter Denkmalschutz. Die Insel selbst ist nur knapp 0,7 km^2 groß und hat heute kaum 3000 Einwohner – in den Sommermonaten allerdings steigt die Besucherzahl auf mehrere 10 000 an. Die schwäbische Gründung war Freie Reichsstadt und 1496 Ausrichter eines Reichstages, wurde schon 1528 evangelisch und war im Dreißigjährigen Krieg um 1632 Schauplatz eines großen Seekriegs auf dem Bodensee zwischen dem von Schweden und Frankreich unterstützten Herzogtum Württemberg und dem habsburgischen Vorderösterreich. Im sog. Reichsdeputationshauptschluss von 1803 wurde Lindau zunächst Österreich zugeschlagen, musste nach dem Frieden von Pressburg aber schon 1805 mit Teilen von Vorarlberg an Bayern abgetreten werden. Kurz hinter Lindau verläuft die Grenze zu Württemberg-Schwaben.

Lindau ist heute ein Dorado der Touristen, die hier auf eine sehr vielseitige Gastronomie stoßen: Mondäne Hotels stehen neben urig schwäbisch/bayerischen Wirtshäusern; etliche authentisch-historische Gasthäusern werden mittlerweile von italienischen, griechischen oder chinesischen Wirten betrieben. So müssen wir in den engen, nur zu Fuß erlebbaren Gassen die Augen nach dem Besonderen offen halten.

Nur eine Zeichnung kann die Fassade des Hauses in den zum Fotografieren zu engen Gassen Lindaus erfassen

Mit der Weinstube zur Fischerin betreten wir ein uriges kleines Wirtshaus mit einer ganz eigenen Geschichte: 1952 eröffnete Eitelfritz Scheiner in dem ehemaligen Most- und Weinhäusle aus dem 16. Jahrhundert das Vesperstüble Zur Fischerin. Er sah Bedarf an einem Lokal, in dem man möglichst günstig essen konnte, und so gab es zunächst jeden Tag einen wechselnden Eintopf mit einem Wiener Würstchen, Brot soviel man wollte und Nachschlag – alles für eine Mark. Das Konzept schlug ein und es wurden pro Tag an die 50 Portionen Eintopf verkauft. Man öffnete bereits morgens um sieben Uhr, um Gästen aus umliegenden Hotels Frühstück anzubieten, und arbeitete dann oft durch bis Mitternacht. Der Name des kleinen Wirtshauses geht übrigens zurück auf das bekannte Volkslied „Die Fischerin vom Bodensee" von Franz Winkler aus den 1950er-Jahren.

Durch das spezielle Angebot der Vesperstube werden auch viele (arme) Künstler das Lokal bevölkert haben – jedenfalls begann Eitelfritz Scheiner, zwischen Nixen, Seesternen und Fischen auch zeitgenössische Bilder aufzuhängen, mit denen der eine oder andere Künstler vielleicht bezahlt hatte, und so wurde die Vesperstube zwei Jahre später in Künstlerstube zur Fischerin umbenannt. Gleichzeitig erlebte der Tourismus in Lindau einen ersten Aufschwung und Bahnreisende konnten mit ihrem Ticket einen Essensgutschein für Scheiners Eintöpfe erwerben – das brachte neue Gäste. 1955 und 1957 wurde das Lokal in bescheidenem Maß erweitert, moderne Nierentische (heute noch vorhanden!) und eine Musicbox (zum Glück nicht mehr da) hielten Einzug – die Künstlerstube wurde auch zur ersten Disco Lindaus.

Nach dem Tod des ersten Wirtes übernahm sein Sohn Fritz 1973 das zwischenzeitlich verwaiste Wirtshaus und eröffnete das Künstlerstüble neu – freilich mit einer leichten Verlagerung des künst-

Das Mobiliar im Wirtshaus hat sich bis heute größtenteils erhalten; die ausgestellten Bilder wechseln

lerischen Schwerpunktes: Die Fischerin wurde zur Jazzkneipe – auch mit gelegentlicher Livemusik. Künstler aus der Region organisierten regelmäßig Ausstellungen, und kulinarisch verlagerte sich die Getränkeauswahl mehr auf das Gebiet des Weins. So wurde das Lokal um 1980 wiederum umbenannt – diesmal in Galerie und Weinstube zur Fischerin. Seit 2002 führt nun mit Thorsten und Andrea Scheiner die dritte Generation das Lokal unter gleichem Namen fort. Die Liebe zum Jazz ist erhalten geblieben, doch es ist eher der sanfte Mainstream, der heute hier gedämpft aus den Lautsprechern tönt. Auf die Frage, ob denn auch ab und zu der namensgebende alte Schlager „Die Fischerin vom Bodensee" gespielt werde, schüttelt Thorsten Scheiner aber energisch den Kopf. „Das ist dann doch nicht mein Musikstil", meint er lächelnd.

Thorsten und Andrea Scheiner führen das kleine Lokal heute alleine und öffnen nur noch abends – sie zielen damit eher auf die wenigen verbliebenen Einheimischen und diejenigen Gäste ab, die länger in Lindau verweilen. In der regelmäßig wechselnden Karte gibt es jeweils ein vegetarisches, ein Fisch-, Fleisch- und Pastagericht; dazu – Tradition verpflichtet eben – den hauseigenen Käsesalat. Den soll Vater Scheiner in den 1960er-Jahren eines Abends „erfunden" haben, als er für besonders späte Gäste einfach alles, was sich noch im Kühlschrank fand, zu einem späten Imbiss zusammenwürfelte. Dazu gibt es eine internationale Weinauswahl, beginnend mit Erzeugnissen vom Bodensee über österreichische Weiß- und französische wie spanische Rotweine bis hin zu südafrikanischen und amerikanischen Exoten.

Das Lokal selbst hat sich seit den Zeiten des Großvaters Eitelfritz kaum verändert: Die ursprüngliche Einrichtung, die an eine Fischerhütte erinnert, ist noch weitgehend vorhanden. Thorsten Scheiner hat aus einem Nachlass zahlreiche alte Schwarz-Weiß-Fotografien seiner Gaststätte in bester Qualität ergattert, die heute an den Wänden hängen. Man kann sich so das hiesige Leben der 50er-Jahre bestens ausmalen. Ausstellungen finden nicht mehr ganz so häufig statt – vielleicht braucht Lindau neue Künstler? In der Weinstube zur Fischerin wären sie jedenfalls gerne gesehen.

Die Einrichtung und die vielen Bilder erinnern noch an die Ausstattung der 50er-Jahre – insbesondere die Nierentische

Galerie und Weinstube zur Fischerin

Ludwigstraße 50
88131 Lindau

Telefon: 08382 / 5428

www.fischerin.com

Öffnungszeiten:
täglich
ab 17:00 Uhr
Ruhetage:
Montag, Dienstag

41

Gasthaus zum Löwen in Lindenberg

Lindenberg ist die zweitgrößte Stadt des Westallgäus, einer Urlaubsregion aus dem Bilderbuch. Zwischen den Westallgäuer Alpen und dem Bodensee gelegen, zählt der Luftkurort zu den sonnenreichsten Städten Deutschlands. Zahlreiche Wander- und Radwanderwege machen Lindenberg zum Ziel vieler Aktivtouristen, und die Nähe zu Attraktionen wie Schloss Neuschwanstein oder dem skywalk allgäu Naturerlebnispark zieht zusätzliche Besucher in den 11 000 Einwohner zählenden Ort. Seit 2014 beheimatet Lindenberg außerdem das Deutsche Hutmuseum.

Die gut erforschte Besiedlungsgeschichte der Region beginnt bereits in der Zeit der Kelten. Die Pfarrei Lindenberg wird im 13. Jahrhundert erstmals schriftlich erwähnt. Nur 200 Jahre später, im 15. Jahrhundert, setzt bereits die Geschichte des Gasthauses zum Löwen ein. Zu dieser Zeit war der dreigeschossige Satteldachbau im Besitz der Familie Specht, die das Anwesen, zu dem auch ein landwirtschaftlicher Betrieb gehörte, in den folgenden Jahrhunderten zu einem gesellschaftlichen Zentrum des kleinen Ortes machte. 1721 wurde der Barockbau-

meister und Architekt Johann Georg Specht († 1803) in diesem Haus geboren. Bis 1810 soll der Löwenwirt außerdem eine Hauskonzession für eine Bierküche gehabt haben, mit der er das Bier für die Wirtschaft und den Eigenbedarf brauen durfte. In einem Saal im Obergeschoss wurden zu jener Zeit alle großen Feste des Ortes gefeiert. Das änderte sich erst 1900, als der mittlerweile vergrößerte landwirtschaftliche Betrieb aufgegeben und an seiner Stelle der Saal zum Löwen eingerichtet wurde. 400 Quadratmeter freie Fläche boten von jetzt an Veranstaltungen und Feiern genauso Platz wie dem ortsansässigen Turnverein oder dem Theater. 1926 ging das Wirtshaus über einige Umwege in den Besitz der Meckatzer Löwenbräu über, die es als Traditionsgaststätte weiterführte. 1989 kaufte die Stadt Lindenberg den alten Saal und modernisierte ihn von Grund auf. So entstand direkt am Löwenbräu ein städtischer Mehrzwecksaal mit Bühne, der bei Theatervorführungen, großen Feiern oder Seminaren bis zu 450 Menschen Platz bietet. Die Verköstigung wird bis heute vom Gasthaus zum Löwen übernommen.

Das Gasthaus selbst erhielt im Zuge dieser Arbeiten ebenfalls ein neues Gesicht. Die Meckatzer Löwenbrauerei renovierte das gesamte Haus und passte die Gastwirtschaft den Erfordernissen der modernen Zeit an. Nach verschiedenen Pächtern hat seit Oktober 2015 die gelernte Hotelfachfrau Jessica Schumann das Traditionshaus übernommen. Für sie war es eine Herzensentscheidung und vor allem Liebe auf den ersten Blick. Schon nach der Besichtigung habe sie gewusst, „das oder keines", erklärt die Chefin des Hauses. Gemeinsam mit Koch Norbert Huber bietet sie ihren Gästen regionale, saisonale und kreative Küche. Unter anderem kann man sich hier ein Löwenschnitzel mit Senf-Meerrettich-Panade, Edelgulasch vom Rind oder Ochsenbacken mit hausgemachten Eierspätzle schmecken lassen. Der Gast kann dafür im Löwen zwischen drei Gaststuben wählen, die alle den Erwartungen an ein Haus mit langer Geschichte gerecht werden.

Die Bierstube ist ein völlig holzvertäfelter Raum, mit elegantem Fischgrätparkett und einer traditionellen umlaufenden Sitzbank. Altes, ledernes Zaumzeug, ein geschnitzter Mönch mit erhobe-

nem Krug, ein Kruzifix und eine Wanduhr zieren die vertäfelten Flächen zwischen den Fenstern. Ein Wagenrad im offenen Durchgang zum Schankraum erinnert an die Zeit, als zum Gasthaus noch eine eigene Landwirtschaft gehörte. In der Mitte des Schankraums mit seinen vier großen Tischen in den Ecken steht die offene Theke, die wie der restliche Raum mit grün-rot lackiertem Holz vertäfelt ist. Der gleiche Rotton bestimmt auch die Polsterung der Stühle und der Sitzbank. Von der Decke hängen sechsarmige Leuchter, die dem Raum warmes Licht spenden. Ein Geige spielender Engel sitzt auf der Theke und wartet auf die Unterschriften der Musiker, die sich nach dem Wunsch der Pächterin hier künftig nach ihren Auftritten verewigen sollen.

Neben Schankraum und Bierstube gibt es im Löwen eine dritte, ebenfalls holzvertäfelte Stube. In großen Aussparungen sind die Stadtansicht von Lindenberg sowie Landschaftsbilder mit Alpenpanorama direkt auf die weiße Wand gemalt. Zur Dekoration stehen in jedem Fenster sowie in den Ecken des Raumes Laternen mit großen Kerzen. Eine Wanduhr von Norbert Hubers Großmutter schlägt den Gästen zwei Mal am Tag die Stunde.

Vom Schankraum aus erreicht man den Biergarten des Hauses. Im Schatten einer großen Linde ziehen sich Biertischgarnituren in zwei Reihen entlang der gesamten Hausseite. Vom Dach bis auf Höhe der Garnituren ist die Längsseite des Hauses mit roten Mini-Dachschindeln verkleidet. Das Gebäude an der Ecke Löwenstraße und Marktstraße leuchtet so förmlich in Signalfarben und ist weder für Wanderer und Radwanderer, noch für Besucher der benachbarten Aureliuskirche zu übersehen.

An die frühere Nutzung als Bauernhaus mit Landwirtschaft erinnert die Ausstattung mit Zaumzeug, Wagenrädern und Heiligenfiguren

Gasthaus zum Löwen

Marktstraße 8
88161 Lindenberg im Allgäu

Telefon: 08381 / 9282955

www.loewen-lindenberg.de

Öffnungszeiten:
Dienstag–Sonntag
11:00–15:00 Uhr
und 17:30–23:00 Uhr
Ruhetag: Montag

42

Zum alten Bräuhaus in Lindenberg

Betritt man das Gasthaus zum alten Bräuhaus in Lindenberg im Landkreis Lindau, traut man erst einmal seinen Ohren nicht. Statt des erwarteten schwäbischen Zungenschlags dringt neben dem Duft von Zanderfilet mit Petersilienkartoffeln, Zwiebelrostbraten und von Allgäuer Kässpätzle ein norddeutscher Dialekt aus der Küche in den Gastraum. Er gehört zu Alfred Seeger, der zusammen mit seiner Frau und Geschäftsführerin Silvia seit 2008 in der Küche des Alten Bräuhauses wirkt und die Traditionswirtschaft mit Leben füllt. Das Bräuhaus ist eines der ältesten Gasthäuser in Lindenberg und war in früheren Zeiten sogar Brauerei und vorübergehend eine Kneippanlage. 1893 eröffnete der bayerische Priester und Namensgeber der von ihm entwickelten Therapie, Sebastian Kneipp, im Hof der Brauerei eine Kneipp'sche Badeanstalt. Leider ist weder von ihr noch von der Brauerei etwas geblieben. Der letzte Sud wurde von Braumeister Matthias Stärk am 20. Januar 1920 aufgesetzt.

Das ist mittlerweile zwar alles Geschichte, aber im Bräuhaus kann man mit etwas Glück noch Menschen begegnen, die davon aus zweiter oder dritter Hand berichten können. Denn in Lindenberg trifft man sich im alten Bräuhaus. Familie Seeger hat hier einen Ort geschaffen, an dem sich die Einheimischen genauso wohl fühlen wie Touristen. Zum lebenden Inventar gehört beispielsweise ein bereits pensionierter

Die Räumlichkeiten des Alten Bräuhauses beherbergten einst eine Kneipp'sche Bedeanstalt

Lindenberger Postbote, dessen Großvater in den 1920er-Jahren Wirt im Bräuhaus war. Hier erlebt die bayerische Stammtischkultur ihren zweiten Frühling bei regelmäßigem Kartenspiel, dem einen oder anderen Bier und freundschaftlichem Geplauder. Es geht gemütlich zu im Alten Bräuhaus. Direkt hinter dem Korbbogenportal aus dem 18. Jahrhundert wird der Gast von einigen Originalzeichnungen von Otto Keck begrüßt. Der 1873 in Oberstaufen geboren Maler ist ein bekannter Vertreter der bayerischen Heimatkunst. Die Bilder aus dem Jahr 1933 sind handsigniert und mit kurzen Kommentaren des Künstlers versehen.

Gesessen wird zumeist in der Schankstube. Für die regelmäßig wiederkehrenden Gäste steht hier der Stammtisch, auf den große Lettern an der Wand hinweisen. Eine umlaufende Sitzbank mit typisch bayerischen Holzgarnituren bietet allen Gästen Platz. Die Decke des Raumes ist, wie die verzierte Vertäfelung, aus Holz. Grundsätzlich verzichten die Seegers auf unnötigen Zierrat. In den Fenstern hängen aus Stroh geflochtene Herzen, darunter stehen künstlerisch verzierte Laternen. Einige gut platzierte Pflanzen beleben den Raum. Ein besonderes Augenmerk sollte der Gast auf die kleinen, herzförmigen Schiefertafeln richten: Sie verraten, welche Besonderheiten Alfred Seeger an diesem Tag in seiner Küche zubereitet. Gerade im Winter schwört der gebürtige Ostfriese auf Gerichte wie saure Kutteln, saure Leber oder saure Nierchen – Gerichte, die man andernorts kaum noch bekommt, für die die Gäste im Alten Bräuhaus aber Schlange sitzen, sozusagen.

Im zweiten Gastraum hängen an den verputzten Wänden vereinzelt alte Werbeschilder der Meckatzer Löwenbrauerei, der das Haus gehört. Der Kachelofen wurde von Silvia Seeger bei der Übernahme des Lokals wieder in Betrieb genommen und ist im Winter die einzige Wärmequelle der beiden Stuben. So entsteht hier eine Mischung aus modernem Gasthaus und gewachsener Tradition. Zusätzlich steht den Gästen noch das Stüble zur Verfügung. Es ist der hellste und modernste Gastraum des Hauses. In allen drei Stuben finden insgesamt rund 80 Gäste Platz.

Außerdem verfügt das alte Bräuhaus über einen modernen Saal, in dem Feiern für bis zu 100 Personen stattfinden können. Mit dem direkten Zugang zum Biergarten eignet sich der lichtdurchflutete große Raum bestens für Hochzeiten und Familienfeste. Auch hier schaffen die hohe Decke, das neue Parkett und die helle Vertäfelung den Spagat zwischen traditionell und modern. Im Biergarten hat man die Chance, auf ein echtes Lindenberger Original zu stoßen oder mit den Wirtsleuten selbst ins Gespräch zu kommen. Wie auf einer privaten Terrasse stehen die Garnituren hier unter großen Schirmen, und eine Hecke gibt dem Gast den nötigen Sichtschutz. Im Jahr 2013 haben die Seegers den Biergarten zudem um eine ebenfalls von einer Hecke umfasste Kiesfläche erweitert und dazu einen Kräutergarten angelegt. Rucola, Schnittlauch, Petersilie oder auch das Kraut der Unsterblichkeit (Jiaogulan), dem eine krebshemmende Wirkung nachgesagt wird, werden hier für die Küche des Hauses gezogen. Außerdem dienen die jeweiligen Gewächse der Saison Silvia Seeger als Tischdekoration.

Wer also nun in Lindenberg den Gasthof zum alten Bräuhaus ansteuert, ist mit diesen Informationen bestens vorbereitet auf ein Bier und eine Geschichte beim ostfriesischen Schwaben.

Die holzvertäfelte Schankstube benötigt keinen unnötigen Zierrat für ihren besonderen Charme

Zum alten Bräuhaus

Hirschstraße 16
88161 Lindenberg

Telefon: 08381 / 1693
und 8307314

www.gasthof-lindenberg.de

Öffnungszeiten:
Mittwoch–Montag
9:00–14:00 Uhr
und 17:00–22:00 Uhr
Ruhetag: Dienstag

Gasthaus zur Traube in Weiler im Allgäu

Der Landkreis Lindau umfasst nicht nur die Umgebung der seit alters bewohnten Halbinsel im Bodensee, er erstreckt sich auch nach Osten bis weit in die Allgäuer Bergwelt. Früh setzte man hier auf den Tourismus und baute bereits 1893 und 1901 Lokalbahnlinien, die Scheidegg, Lindenberg und Weiler von Röthenbach her an die Allgäubahn zwischen München und Lindau anschlossen, ebenso wie die spätere Bundesstraße 308, die sich von Lindau aus in engen Serpentinen durch die Rohrschachschlucht quält. Gleich nach dem Luftkurort Scheidegg folgt die Gemeinde Weiler-Simmerberg. Die alten Bahnlinien wurden hier allerdings Mitte der 1990er-Jahre abgebaut und in einen Radweg umgewandelt. Es lohnt einen Abstecher in den Hauptort Weiler, in dem es nur so wimmelt von liebevoll gepflegten historischen Gebäuden rund um den Kirchplatz mit der Pfarrkirche St. Blasius, dem historischen Rathaus und gleich mehreren Wirtshäusern. Direkt an der Hauptstraße an einem scharfen Knick und nicht zu übersehen steht das Gasthaus zur Traube, heutiges Ziel unseres Begehrs.

Das Anwesen geht zurück auf das frühe 17. Jahrhundert, das Gasthaus wird aber erst um 1805 in der heutigen Form erbaut worden sein – gerade als dieser Teil des Allgäus unter der napoleoni-

schen Neuordnung von Tirol an Bayern überging. Der erste Wirt, Jodok Keßler, erwarb Schankerlaubnis und Postrechte, und so hieß das Wirtshaus auch zunächst „Beim Posthalter". Der prächtige Wirtshausausleger stammt aus jener Zeit. Der Sohn Josef Anton Keßler führte das Haus weiter, verkaufte es aber 1844 an Josef Anton Heim. Zu dieser Zeit müssen die Postrechte auf ein anderes Wirtshaus am Ort übergegangen sein; das Gasthaus bestand aber fort, möglicherweise als zusätzliche Poststation, und ist bis jetzt im Besitz der Nachfahren. Der heutige Besitzer, Prof. Dr. Georg Vogel, ist Arzt in München und kümmert sich liebevoll um das historische Haus.

Wir betreten das 1973/74 und zuletzt im Jahr 2002 grundlegend renovierte und gut gepflegte Gasthaus mit geschwungenem Mansardendach und gelangen in einen langen Flur, von dem rechts und links die Gaststuben abzweigen. Auffällig ist die schwere Eisentür links zu einem der Gasträume. Hier könnte früher die Poststube gewesen sein, in der auch einmal des Nachts die eine oder andere Wertsache eingeschlossen werden musste. Später unterhielten die Gaststättenpächter hier einen Gemischtwarenladen, dessen Kasse die schwere Tür sicher einen guten Schutz bot. Die massive Eisentür wird heute nicht mehr regelmäßig geöffnet, denn der tonnengewölbte Gastraum dahinter, dessen Wände mit Bildern von alten Postuniformen geschmückt sind, hat einen zweiten Eingang. Im hinteren Teil des Hauses, entlang des Eingangsflures, befand sich früher ein großer Saal in einem angebauten Schuppen, der seit 1973 nicht mehr besteht. Die Haupt-Gaststube findet sich im rechten Gebäudeteil und ist mit viel Holz an Decke und Wänden gemütlich eingerichtet. Abgeteilte Sitzinseln, hölzernes Mobiliar sowie Bilder und Tafeln aus der Posthalterzeit laden zum entspannten Sitzen und Speisen ein.

Pächter seit über 25 Jahren ist der zuvor im benachbarten Lindenberg tätige Ernst Rohner mit seiner Familie. Der gebürtige Schweizer, Gastwirt und Küchenchef in einer Person, zaubert in der Küche eine inhaltlich bodenständige und qualitativ hochwertige Speisenauswahl mit heimischem

Links: Die gemütliche Gaststube mit viel Holz.
Rechts: Wirtshaus-Ausleger an dem um 1805 errichteten Gebäude.
Unten: Eine schwere Eisentür bewacht die ehemalige Poststube

Fisch, Geflügel und Fleisch. Neben der Allgäuer Brätknödelsuppe gibt es hausgebeizten Lachs oder eine spanische Gazpacho als Vorspeise und danach ein saftiges Steak oder Forellenfilet in der Kartoffelkruste. Entsprechend seiner Herkunft bietet Ernst Rohner aber auch Schwyzer Spezialitäten an: Bündner Fleisch und Zürcher Geschnetzeltes finden sich ebenso wie eine interessante Auswahl verschiedener Rösti-Gerichte mit und ohne Fleisch. Viele Gerichte lassen sich auch als kleine Portion bestellen – für den kleineren Hunger oder wenn man möglichst viele verschiedene Dinge probieren möchte.

Ernst Rohner ist übrigens ein begeisterter Radtourenfahrer. Auf einer etwas versteckten Seite seiner Homepage (vom Impressum aus zugänglich) hat er zahlreiche Fahrten in Deutschland, der Schweiz und Italien dokumentiert – akribisch mit Entfernungen, Höhenmetern, Bildern und Streckenempfehlungen. Auch ein Koch muss noch andere Hobbys haben, und dieser hält sich auf dem Velo fit. Das merkt man dem agilen Koch der Traube in Weiler im Gespräch an, der seine Gäste mit Freude bewirtet.

Gasthaus zur Traube

Hauptstraße 1
88171 Weiler im Allgäu

Telefon: 08387 / 99120

www.traube-weiler.com

Öffnungszeiten:
täglich
11:30–13:45 Uhr
und 17:00–21:00 Uhr
Ruhetage:
Sonntagabend, Montag

Gasthof & Hotel zur Post in Weiler im Allgäu

Die Gemeinde Weiler, heute mit dem benachbarten Simmerberg zu einem gemeinsamen Markt verschmolzen, liegt mitten im westlichen Allgäu im Landkreis Lindau. Die Region gehörte lange zur österreichischen Herrschaft Bregenz (seit 1570) und kam – wie ein guter Teil des Allgäus – 1805 zu Bayern. Früher war man einmal an die Bahnlinie München–Lindau angeschlossen, heute ist der ehemalige Bahndamm zu einem Radweg umfunktioniert. Die Bahnhofstraße führt uns direkt zu einer der ältesten Gaststätten des Ortes, dem Brauereigasthof & Hotel zur Post samt dazugehöriger Postbrauerei.

Nach der Hauschronik wurde das Anwesen im Jahr 1563 erstmals als „Kellhöfische Weistümer" urkundlich erwähnt, seit 1741 als Gasthaus zum Rössle und später als Gasthof und Brauerei Weißes Rössle geführt, bis es 1839 an den Posthalter Josef Anton Wucher überging. Zuvor lagen die Postrechte offenbar bei dem benachbarten Gasthof beim Posthalter, der heutigen Traube (siehe Nr. 43 in unserem Buch). Unter dem Sohn Peter Wucher,

Die Schauseite des Gasthofs in königlich-bayerischen Farben

der gleichzeitig Brauer, Wirt, Posthalter und Landrat war, erhob die bayerische Staatspost 1852 den Brauereigasthof zur „Königlich-Bayerischen Posthalterei" an der Strecke von Weiler nach Röthenbach. Man musste neben jeweils frischen Pferden für Postreiter oder -kutsche auch Verpflegung und Herberge für die Reisenden bieten.

1893 wurde Weiler dann an das Bahnnetz angebunden – gleichzeitig trat der Postillion seine letzte Fahrt an, und das aufwendige Stellen der Pferde entfiel für den Postwirt. Gleichzeitig brachte die Eisenbahn aber mehr Besucher nach Weiler, so dass der Hotelbetrieb an Bedeutung gewann. 1904 wurde die Post dann vom neuen Wirt Jakob Huber erworben und anschließend durch den örtlichen Stadtbaumeister Georg Buffler (1878–1950) von Grund auf umgebaut und vergrößert. Der heutige L-förmige Grundriss mit Satteldach und Quergiebel sowie die Fassadengestaltung in Anlehnung an den Jugendstil stammen aus dieser Zeit.

Zurück zum Brauereigasthof zur Post: Das Bier braute zunächst noch jeder Gastwirt selbst für seine Gäste – erst mit der Industrialisierung begann man, Wirtshaus und Brauerei zu trennen. So auch in Weiler, als der Braumeister Anton Zinth sen. 1907 den Gasthof mit Braustätte übernahm und daran ging, Letztere mit der Lindenbrauerei Jakob Hubers zu fusionieren und zwei Straßen weiter neu zu errichten. Er baute die Brauerei in den folgenden Jahrzehnten zu einem erfolgreichen mittelständischen Unternehmen aus.

Heute sind Brauerei und der zuletzt 2010 renovierte Gasthof in dritter Generation im Familienbesitz – die Brauerei ist nach wie vor nur einen Steinwurf vom historischen Stammhaus ent-

Maßkrüge und Flaschen aus früheren Zeiten schmücken den Gastraum

fernt – und erstrahlen nach einer gelungenen Renovierung im Jahr 2010 in neuem Glanz. Leiter des Wirtshauses ist heute Josef Sykora, der mit seinem Team die Gäste des Hotels und des Wirtshauses umsorgt. Natürlich gibt es eigenes Postbier im Ausschank – vom Hellen über Zwickel und Pils bis zum Weizen in vier Variationen und auch saisonale Bierspezialitäten. Zudem nutzt die Brauerei ihre eigene Siebers-Quelle zur Herstellung von Mineralwässern und Fruchtschorlen, die im Wirtshaus natürlich alle zu haben sind. Die Küche konzentriert sich auf traditionelle Allgäuer und regionale Gerichte von den Kässpatzen über Tafelspitz bis zum Zwiebelrostbraten; auch fangfrische Forellen und Salate finden sich auf der Karte. In der Wirts- und der Bräustube sitzt man zwischen einigen Museumsexponaten aus der Zeit, als das Bier noch „handgemacht" war und man das Eis zum Kühlen aus dem zugefrorenen Postweiher herausschneiden musste. Sowohl innen als auch außen am Haus finden sich Freskomalereien von schöner Qualität.

Die modern eingerichtete Gast- und Bräustube

Gasthof & Hotel zur Post

Fridolin-Holzer-Straße 4
88171 Weiler im Allgäu

Telefon: 08387 / 1070

www.postinweiler.de

Öffnungszeiten:
täglich
11:00–14:00 Uhr
und 17:00–24:00 Uhr
Ruhetage:
Freitag, Samstagmittag

Postwesen und Poststationen

Das Postwesen geht wohl zurück auf die Zeit des Habsburger Kaisers Maximilian I., der ab 1490 im Deutsch-Römischen Reich erste Poststationen einrichtete, an denen Kurierreiter ihre Pferde und auch die Posttaschen – wie bei einer Staffel – austauschten. So gelangten versiegelte Nachrichten in einzelnen Tagesreisen von Ort zu Ort. Dieses frühe Postwesen war allerdings nur dem Kaiser vorbehalten, der einen regen Schriftwechsel mit seinen Fürsten pflegte. Diese gründeten wiederum eigene Landesposten; an den Grenzen entstanden jeweils Postübergabestationen. Hier mussten die Postreiter quasi auf Abruf stehen – die ersten regulären Poststationen entstanden.

Maximilian I. beauftragte für die Organisation seiner Post um 1490 die oberitalienische Kurierfamilie Taxis (ab 1650 „von Thurn & Taxis"), die bereits mit Boten- und Kurierdiensten in venezianischen und päpstlichen Diensten stand. Die Nutzung des Postwesens für die Allgemeinheit schlich sich quasi mit der Zeit ein, weil die habsburgischen Kaiser in den folgenden Jahrhunderten die Postmeister oft nicht ausreichend finanzierten; diese wichen gerne auch auf Kaufleute oder Bankhäuser als Kunden aus, um das System wirtschaftlich zu erhalten.

Als Poststationen dienten fast immer Gasthöfe und Wirtshäuser. Die Postreiter warteten hier auf den Kollegen, um sich dann selbst auf den Weg zu machen. Der angekommene Postreiter war durstig und brauchte ein frisches Pferd für den Rückweg – vielleicht auch ein Nachtlager, wenn er auf Antwort warten musste. Als später die transportierten Waren immer größer wurden, setzte man Kutschen ein, in denen auch Passagiere befördert wurden. Diese mussten ebenfalls versorgt werden – die Symbiose von Gasthof und Poststation war bereits untrennbar. So bewarben sich Wirtshäuser um das Privileg, Poststation zu sein, und passten ihre Namen entsprechend an. Noch heute finden wir in fast jedem Ort außerhalb der großen Städte einen solchen Gasthof Zur Post.

Landgasthof Rössle „Beim Kräuterwirt“ in Stiefenhofen

Die kleine Gemeinde Stiefenhofen ist ein klassischer Ferienort an der Grenze zwischen den Landkreisen Lindau und Oberallgäu. Neben Kühen und Weiden kultiviert man hier vor allem Kräuter; so gibt es hier Kräuterführungen und -seminare, einen Kräuterlandhof – und einen Kräuterwirt.

In der Geschichte mussten die Bewohner von Stiefenhofen einiges über sich ergehen lassen: Nachdem der Ort 883 n. Chr. erstmals als Schenkung des Klosters St. Gallen an den Bischof von Konstanz erwähnt wird, gehörte er ab dem 12. Jahrhundert zur Herrschaft der Grafen Montfort-Bregenz, die wegen Misswirtschaft oder aufgrund ihres pompösen Lebensstils wohl ständig unter Geldnot litten und Stück für Stück ihrer Besitzungen im Allgäu an die Nachbarn verkauften. So kam ein Teil Stiefenhofens 1523 an die Habsburger, während ein anderer Teil an die Ravensburger Grafen von Königsegg ging. Die Grenze zwischen beiden Territorien muss

mitten durch den Ort verlaufen sein – teils sogar mitten durch die Häuser. Nach dem Reichsdeputationshauptschluss kamen 1804 beide Ortshälften unter österreichischer Flagge wieder zusammen. Schon 1805 aber musste Österreich Teile des Allgäus erneut abgeben und Stiefenhofen gehörte mit Lindau fortan zu Bayern – eine bewegte Geschichte!

Gegenüber der Pfarrkirche St. Martin liegt der Landgasthof Rössle. Er trägt nicht umsonst den Zusatznamen „Beim Kräuterwirt“, denn Inhaber und Koch Axel Kulmus hat sich ganz besonders der Kräuterküche verschrieben. Nun muss man nicht glauben, es würden hier nur vegetarische Gerichte serviert – nein, die Kräuter spielen vielmehr eine wichtige Rolle bei der geschmacklichen Verfeinerung der durchaus traditionellen Gerichte, die selbstredend alle frisch zubereitet werden. Da wäre das Bärlauchschaumsüppchen, das Wild im Kräutermantel, die Lachsforelle mit Wildkräutern oder aber die in Schwaben obligatorischen Käsespatzen, Pilze und Salate der Saison und Steak vom Allgäuer Rind. Angefangen hat alles mit einem Bärlauch-Pesto, an dem Axel Kulmus Tage und Wochen gefeilt hat – zu einer Zeit, als sich hierzulande noch wenige für derlei Spezialitäten interessierten.

1972 hatten seine Großeltern das Rössle übernommen, und Axel Kulmus stieg nach seiner Kochausbildung Anfang der 1990er-Jahre als Wirt ein. Der zunächst noch kleine Kräutergarten der Mutter neben dem Haus inspirierte ihn: Er begann zunächst, mit den Klassikern Majoran, Salbei, Bergminze und Kapuzinerkresse zu arbeiten. Der Garten wurde ausgebaut und die Gäste können

Mitten durch den Gastraum des „Kräuterwirts“ verlief einst die Grenze zwischen Österreich und dem Territorium der Grafen von Königsegg

Axel Kulmus sammelt die Zutaten für seine Kreationen in seinem direkt ans Haus angrenzenden Kräuergarten

heute inmitten der Kräuter, die übrigens von eigenen Bienen bestäubt werden, sitzen und speisen. Später begann der „Kräuterkoch" dann eine Wiese in Familienbesitz speziell zu kultivieren, um noch mehr Kräuter zu ernten – heute hat er ein großes duftendes Lager neben seiner Küche angelegt für die getrockneten und verarbeiteten Kräuter. Den frischen Wiesenknöterich, Salbei, Brennnesseln oder Löwenzahn holt er immer erst kurz vor der Mittagszeit in die Küche. Auch das Heu für den auf Stroh gegarten Braten stammt natürlich aus eigenem kontrolliertem Anbau.

Als Kräuterwirt hat Axel Kulmus sich mittlerweile weit über die Grenzen der Region einen Namen gemacht: Zusammen mit einigen Kollegen rief er eine Zirkel der besten Köche im Allgäu ins Leben, der mit einer eigenen Zeitschrift jährlich für die kulinarische Hochkultur in der Region wirbt. Auch im Fernsehen, in Fachzeitschriften und den großen Tageszeitungen wurde er schon gewürdigt; nicht schlecht staunte er, als ihn sogar einmal ein japanisches Redaktionsteam besuchte.

Das Haus des Kräuterwirts ist schon seit 1521 als Gasthaus bekannt. Im Dreißigjährigen Krieg brannte es nieder und wurde danach neu aufgebaut; im 19. Jahrhundert bekam es sein jetziges herrschaftliches Aussehen. Einladend wirken die geranienumrankten Fenster und die alten Fensterläden, die in den österreichischen Landesfarben Rot und Weiß bemalt sind. Auch innen findet sich die (teils) österreichische Geschichte wieder: Die mittlere Stube des Hauses erhielt den Namen Grenzstube, weil die Landesgrenze offenbar zwischen 1523 und 1804 mitten durchs Haus führte – zumindest theoretisch. So findet man in der Grenzstube auch die österreichischen Farben

Landgasthof Rössle
Beim Kräuterwirt

neben dem doppelköpfigen Reichsadler. Heute kann man hier auf einer umlaufenden, ungeteilten Sitzbank wieder fröhlich vereint trinken und speisen. Für die richtige Temperatur sorgt ein wunderschöner historischer Kachelofen.

Im ersten Stockwerk des Gebäudes befand sich früher einmal ein Versammlungs- und Tanzsaal, der aber in den 2000er-Jahren verkleinert und in Übernachtungszimmer aufgeteilt wurde. Im rückwärtigen Teil des Haus ist hangseitig ein alter Stadl erhalten, in dem heute noch die zwei verbliebenen Rösser von Axel Kulmus' Vater untergebracht sind. Sie dürfen bei Festivitäten des Dorfes den ehemaligen Bierwagen ziehen. Ein Teil des Stadls wurde als weiterer Gastraum ausgebaut, der für Gruppen, Veranstaltungen oder bei besonders großem Andrang genutzt wird. Hier sitzt man auf mit Schafsfellen überzogenen Hockern an groben Tischen – wie in einem Stadl eben. Gemütlicher geht es eigentlich kaum!

Eine gemütliche Sitzecke im Stadl auf Lammfellen zwischen alten Küchengerätschaften

Landgasthof Rössle „Beim Kräuterwirt"

Hauptstraße 14
88167 Stiefenhofen

Telefon: 08383 / 92090

www.roessle.net

Öffnungszeiten:
täglich
11:00–14:00 Uhr
und 17:00–23:00 Uhr,
Sonntag durchgehend
Ruhetag: Mittwoch

46

Restaurant Altstaufner Einkehr in Oberstaufen

Die Altstaufner Einkehr bescherte der Gastronomie des Allgäus ein veritabler Glücksfall, denn vor gut 35 Jahren stand mitten im Ortskern von Oberstaufen ein uraltes Bauernhaus zur Disposition, das es so fast nicht mehr gab: ein in der ersten Hälfte des 18. Jahrhunderts errichtetes, rundum mit farbig bemalten Holzschindeln versehenes Blockhaus. Die letzten Besitzer waren kinderlos verstorben und hatten es dem Nachbarn vermacht. Dieser erkannte das Potential des denkmalgeschützten Hauses, investierte in die sachgerechte Renovierung und machte es der Öffentlichkeit als Gaststätte zugänglich. Der Sohn Michael Schmid, als Koch während der Lehrzeit in der ganzen Welt herumgekommen, betreibt die Altstaufner Einkehr heute als gemütliches Wirtshaus und Restaurant mit einem kleinen Biergarten erfolgreich und engagiert.

Oberstaufen im Landkreis Oberallgäu liegt auf einer kleinen Hochebene auf knapp 800 Metern. Als Staufen gehörte es im Mittelalter zum Kloster St. Gallen und bis 1805 zum österreichischen Vorarlberg, bevor das Allgäu unter Napoleon zu Bayern kam. Der Ort wurde

Die Ausstattung mit Holzdielen und Wandvertäfelung erinnert an die frühere Bauernstube

lange vom Schloss der Grafen von Königsegg überragt, das 1807 jedoch abgebrochen wurde – heute steht dort am Schlossberg eine Klinik. Alte Fotos aus der ehemals weithin bekannten Schlossgaststätte werden in der Altstaufner Einkehr präsentiert. Staufen wurde 1853 an die Allgäu-Bahnlinie von Lindau nach Immenstadt angebunden und ist seitdem auch touristisch erschlossen. Heute locken Wanderwege und Bergtouren, Schrothkuren, Allgäuer Küche und im Winter Ski- und Langlaufangebote hierher. Vielleicht um Verwechslungen mit Staufen im Breisgau zu vermeiden, wurde aus dem weit höher gelegenen Staufen im Allgäu schon 1921 Oberstaufen.

Dass die Altstaufner Einkehr einmal ein Wohnhaus war, bemerkt man gleich beim Eintreten, denn man kommt zunächst in einen kleinen Flur. Von hier führen historische Holztreppen nach oben und in den Keller, rechts tritt man in die erste Stube der Gastwirtschaft ein. Die alte Raumaufteilung aus dem frühen 19. Jahrhundert hat sich erhalten, wir stehen sozusagen in der Wohnstube des alten Bauernhauses. Diese und alle anderen Räume sind an Wänden und Decken noch komplett holzgetäfelt und der Boden besteht aus den alten Holzdielen. Inhaber Michael Schmid erzählt, es handele sich hier tatsächlich noch um die originale Holzvertäfelung, die sich bei der Übernahme des Hauses unter unzähligen Lagen Farbe versteckt habe und wieder zum Vorschein geholt werden konnte. Das Mobiliar und zahlreiche Ausstattungsgegenstände wurden zeitlich angepasst und die Räume geschmackvoll eingerichtet, sodass man sich tatsächlich wie in einer alten Bauernstube fühlt. Einer der vier Gasträume ist auch heute quasi wie ein Wohnzimmer eingerichtet: Ein kleines Biedermeier-Sofa und passende Stühle mit einer Stehlampe sorgen für wohnliches Ambiente.

Glanzpunkt der Gastwirtschaft ist ein Ofen in der Mitte des Hauses, der drei Räume und das obere Stockwerk gleichzeitig erwärmt. In der früheren großen Stube ist er als großer Kachelofen ausgeführt, im Nachbarzimmer sieht man eine Luke zum Befeuern unter einem Mauerbogen. In der früheren Küche befindet sich die dritte Seite des Ofens, die man als Blickfang in der Gaststube

Altstaufner
Einkehr

Der Küchenherd stammt aus der alten Bauernstube

erhalten hat, mit dem alten Herd der Bauersleute und einer Ofenluke zum Brotbacken. Im Stockwerk darüber setzt sich der Ofen fort – hier wurde eine neue Stube als weiterer Gastraum eingerichtet, exakt im Stil der originalen Ausstattung im Erdgeschoss. Auch der Keller des Gebäudes wurde instandgesetzt; hier befinden sich die modernen Sanitäranlagen – bei aller Authentizität des Gebäudes muss es doch der heutigen Nutzung entsprechen können. Die großzügige Küche liegt in einem Anbau, der dem historischen Gebäude äußerlich mit täuschend ähnlichen Schindeln angepasst wurde.

Michael Schmid ist sichtlich stolz darauf, was er und seine Familie aus dem ehemaligen Bauernhaus gemacht haben. Der Vater war noch als Quereinsteiger Gastwirt geworden, der Sohn hat nun das Handwerk von der Pike auf gelernt und sich als Koch auf internationalem Parkett in Arabien und Asien Anregungen für seine heutige Speisenkarte geholt. So finden sich neben den traditionellen Allgäuer Gerichten einige von der asiatischen Küche inspirierte Gerichte auf der Karte, die übrigens von Muttern handgeschrieben ist; im Internet dagegen hat Michael Schmid auf eine ganz moderne Darstellung gesetzt – schon beim Durchschauen läuft uns das Wasser im Munde zusammen.

Die Urlaubsregion Oberstaufen ist winters wie sommers einen Besuch wert – ohne eine Rast in der Altstaufner Einkehr fehlt aber ganz klar das berühmte i-Tüpferl.

Restaurant Altstaufner Einkehr

Bahnhofstraße 4
87534 Oberstaufen

Telefon: 08386 / 7193

www.altstaufnereinkehr.de

Öffnungszeiten:
täglich
17:00–24:00 Uhr
Ruhetag: Montag

47

Gasthof Adler in Rosshaupten-Sameister

Der Gedanke, ein Allgäuer Wirt würde seine Stammgäste zur Begrüßung herzen und drücken, ist völlig absurd – es sei denn, man ist wohlgelittener Stammgast in einer veritablen Weiberwirtschaft wie dem Gasthof Adler in Sameister, einem Ortsteil der Gemeinde Roßhaupten. Wir wurden Augenzeugen und wünschten uns sogleich, auch Stammgäste zu sein. Da gibt es die Wirtin Gertrud Pfanzelt und ihre Mitarbeiterinnen („Ich hen koine studendische Aushilfe, bei mir sind sie alle gelernte Bedienunge und seit vielen Jahren da" – dieser Urallgäuer Dialekt ist so wunderbar!), und da gibt es die vielen Stammgäste und die Stammtische, die den größten Teil der Kundschaft ausmachen. Die Bauern aus der Umgebung kommen regelmäßig nach dem Donnerstags-Gottesdienst, der in der zum Anwesen gehörenden barocken Kapelle gefeiert wird.

Links und rechts: In den gemütlichen Stuben mit eher niedriger Holzbalkendecke kann man an Einzeltischen oder auf der umlaufenden Bank sitzen.
Unten: Den Kachelofen ziert das Wappen der Fürsten von Thurn und Taxis aus der Zeit der Poststation

Gäste zu bewirten hat in Sameister eine jahrhundertelange Tradition. Wie der alte Name „Saummeister" sagt, war es eine Station der Säumer, jener Transportunternehmer, die in früheren Jahrhunderten schwere Waren („Saume") wie Wein und Salz, aber auch Gewürze und andere Luxusartikel auf den steilen, unwegsamen Saumwegen oder Saumpfaden über die Berge führten, die nicht für Fuhrwerke, sondern nur für Esel, Maultier, Pferd oder Ochsen geeignet waren. Die Tiere wurden an Säumerstationen wie dieser gewechselt. „Samer" und „Sameister" sind österreichische Ausdrücke – und das darf nicht verwundern, denn das Allgäu gehörte zeitweise zu Vorderösterreich. In Sameister bestand eine Station der Thurn und Taxis'schen Post als „vorderösterreichische Pachtanstalt", in der es von 1777 bis 1805 eine Postmeisterei und eine Posthalterei gab, die zum Oberpostamt Bregenz bzw. zum Postkommissariat Freiburg gehörte. 1806 wandelte sie sich in eine königlich-bayerische Postanstalt.

Ob sich die Gäste hier schon immer so wohl fühlten wie heute, sei dahingestellt, denn die Schilderungen vieler Reisender in vergangenen Jahrhunderten über ihre erschröcklichen Aufenthalte in Poststationen lassen Zweifel aufkommen. „Früher war hier eine Tafernwirtschaft, heute ist es eine Weiberwirtschaft", charakterisiert Gertrud Pfanzelt ihr Haus. Sie, deren Großmutter das Anwesen kaufte, vertritt die dritte Generation und gehört zu der gar nicht seltenen Gattung von Wirtinnen, deren Ehemänner einen bürgerlichen Beruf ausüben – was aber nicht heißt, dass dieser Beruf ehrsamer wäre.

Früher verlief die Straße von Kempten nach Füssen unmittelbar vor dem Wirtshaus, bis sie vor etwa 30 Jahren gut 60 Meter nach Süden verlegt wurde und damit Ruhe einkehrte. So sitzen die Gäste bei schönem Wetter ungefährdet vor dem Haus und genießen Sonne und Ruhe. Reisebusse sieht man relativ selten, obwohl nur knapp 17 Kilometer entfernt mit der Wieskirche eines der meistbesuchten barocken Meisterwerke Deutschlands steht.

Apropos Barock! In diesem stattlichen, langgestreckten, zweigeschossigen Haus mit seinem steilen Schopfwalmdach, in dem neben dem früheren Pferdestall und der ehemaligen Schmiede das Wirtshaus nur einen kleinen Teil einnimmt, wurde am 3. Juli 1652 einer der führenden Baumeister des Allgäus geboren: Johann Jakob Herkomer, der am 27. Oktober 1717 in dem von ihm erbauten Kloster St. Mang zu Füssen verstarb. In Sameister, wo seine Eltern die Poststation betrieben, errichtete er 1684 bis 1686 die Familienkapelle und -grablege Mariä Schmerzen und zum Heiligen Grab, eine kreuzförmige Kapelle mit Laterne und charakteristischen Thermenfenstern (bei Thermenfenstern stützen zwei Pfeiler einen Rundbogen).

Ein solcher Ort, von Herkomerschem Geist durchweht, musste eine Künstlerin hervorbringen! Anna Pfanzelt, die Wirtstochter, arbeitet als Bildhauerin in München und in Sameister, wo uns die berechtigt stolze Mutter das Atelier zeigt. „Frontfrau“ (O-Ton) Gertrud Pfanzelt legt großen Wert auf Kunst und Kultur und fühlt sich der geschichtlichen Tradition des Ortes aufs engste verbunden. Die Stube mit ihrer niedrigen Holzdecke und einem Kachelofen, den das Thurn-und-Taxis-Wappen ziert, und die beiden kleineren Nebenzimmer sind gemütlich und gradlinig, wie es die Wirtin auch ist. Für große Events und

Unten: Die Gedenktafel erinnert an den berühmtesten Sohn des Hauses

Veranstaltungen ist nicht der Platz, und das ist gut so; es würde nicht passen. Die Gasträume besitzen erfreulicherweise keine „Deko“, stattdessen hängen hier Werke der Künstlerin Anna: feine, sensible Zeichnungen von großer bildlicher Fantasie, die sich wie selbstverständlich einfügen. Beide Kinder, Anna und ihr Bruder, ein studierter Physiker, „haben einen Fuß drin“, will heißen, dass es der Mutter nicht bange ist um die Zukunft des Wirtshauses.

Es nimmt nicht wunder, dass es keine riesengroße Speisekarte gibt, die so ist, wie es die Wirtin gern selbst hätte. Die Waren bezieht Gertrud Pfanzelt aus der Region, vom hiesigen Gemüsehändler, vom Metzger in Roßhaupten, von der Aktienbrauerei Kempten. Dass die Kasspatzen und der Käse selbst geschabt und gerieben sind, ist eine Frage der Ehre. Und der Zwiebelrostbraten – zum Niederknien! Neben den regionalen Gerichten gibt es auch einen entschieden italienischen Einschlag, der an die „italienische Vergangenheit Bayerns“ erinnern soll. Die vorüberführende Straße gab es als Via Claudia Augusta schon in der Römerzeit, und auf ihr zogen viele Jahrhunderte lang Händler und Künstler nach Bayern, wo die Kunst nach dem Dreißigjährigen Krieg für mehr als ein halbes Jahrhundert durch und durch italienisch geprägt war. Noch heute kommen auf dieser Route Italiener nach Süddeutschland, die entdeckt haben, dass es auch außerhalb Italiens Kunst und Kultur gibt.

Übrigens: Der einzige Mann in dieser wunderbaren Weiberwirtschaft ist der ungarische Koch – joi!

Gasthof Adler

Sameister 5
87672 Roßhaupten

Telefon: 08367/392

www.adler-sameister.de

Öffnungszeiten:
Mittwoch–Sonntag ganztägig
Warme Küche
11:30–14:30 Uhr
und 17:30–20:30 Uhr
Ruhetage:
Montag, Dienstag

48

Gasthof Fallmühle in Pfronten

Pfronten im Ostallgäu ist der ideale Ausgangspunkt für Bergwanderungen, und solche sollten bekanntlich erst nach einer angemessenen kulinarischen Stärkung begonnen werden. So startet man gerne am Eingang des Achtales, dort wo früher die Zollstation zum österreichischen Tannheimer Tal war, obwohl die eigentliche Grenze erst weiter oben verläuft. Hier am Eingang des Achtals, nur wenige Kilometer vom Pfrontener Ortsausgang, steht die „Hütte im Tal", wie Wirtin Hedwig Doser den Gasthof Fallmühle scherzhaft bezeichnet. Sie war 35 Jahre Hüttenwirtin auf der Drehhütte am Tegelberg bei Schwangau und sieht ihre neue Wirkungsstätte ebenfalls als Wanderhütte an, auch wenn diese eher Ausgangs- als Zielpunkt für Bergwanderer, Skitourengeher, Radler und Spaziergänger ist.

Rechts: Bilder erinnern an Pfrontener Bergsteiger. Unten: Die Kuhglockensammlung der Hüttenwirtin reicht vom Allgäu bis nach Nepal

Die Ansiedlung im Pfrontener Achtal, wo die Steinacher Ache fließt, begann mit einer Ölmühle, die Michael Reichart, Sohn des Adlerwirts in Heitlern (siehe unsere Nr. 49 im Buch) und später Wirt im „Rössle“ in Weißbach, um 1783 erbaute, um einerseits Öl aus Leinsamen zu mahlen und andererseits im abgeschiedenen Tal Schnaps zu brennen. Er musste sich wohl gegen allerlei Widersacher in der Gemeinde durchsetzen; der Ortsheimatpfleger hat einige Begebenheiten der Zeit in einer Broschüre zusammengestellt. Sohn Nikolaus setzte das Werk des Vaters fort, und seit 1828 ist im Achtal neben einer Mühle und einem Sägewerk auch ein Wirtshaus bezeugt. Die Mühle wurde später verkauft, aber Säge und Wirtshaus blieben in der Familie, deren männliche Nachkommen in schöner Regelmäßigkeit immer entweder Nikolaus oder Joseph hießen. Mit der siebten Generation endete 2013 zwar die Ära der Wirtshaus-Familie Reichart, doch der mittlerweile weithin bekannte Traditionsgasthof wird fortgeführt von der ehemaligen Hüttenwirtin Hedwig Doser nebst Mann Reinhard und den Töchtern.

Gerne erzählt Hedwig Doser von der Übernahme des Hauses, in dem sich noch allerlei Andenken an frühere Zeiten fanden. So war im Jahr 1867 der junge Wirt früh verstorben und sein jüngerer Bruder sollte die Familientradition fortsetzen. Nur war dieser zuvor nach Russland ausgewandert, um dort sein Glück zu machen – wie manch anderer: Die bekannte Operette „Zar und Zimmermann“ von Albert Lortzing handelt von dem Thema, dass zahlreiche deutsche und österreichische Waldarbeiter und Zimmerleute ins aufstrebende Zarenreich gerufen wurden. Alois Reichart hatte dort auch bereits eine junge Frau geheiratet, die sich mit der Rückkehr in die Allgäuer Abgeschiedenheit sehr schwer tat. Sie brachte einen für das Allgäu eher noblen Hausstand mit, den man bei der Übernahme von der Familie Reichart 2013 teils noch im Haus fand.

Schwaben wird bayerisch

Was vielen heute nicht mehr bewusst ist: Weite Teile Bayerisch-Schwabens und das Allgäu gehörten einstmals zu Österreich. Werfen wir einen Blick in die Vergangenheit: Die Landkarte Mitteleuropas gleicht vor der Französischen Revolution 1789 einem Flickenteppich. Hunderte kleine und große Fürstentümer existieren unter dem Dach des Heiligen Römischen Reichs Deutscher Nation. Das mittelalterliche Herzogtum Schwaben war zwar bereits im 14. Jahrhundert faktisch erloschen – im landsmannschaftlichen Sinne, also im Selbstverständnis seiner Bewohner, blieb Schwaben als Region und vor allem als Sprachraum aber erhalten. Politisch ist Schwaben im 18. Jahrhundert allerdings selbst ein Flickenteppich aus diversen Herzogtümern, Kirchenbesitz und Streubesitz der Habsburger. Einzelne Regionen gehören also zum Einflussgebiet Habsburgs unter der Bezeichnung „Vorderösterreich". So zählen im Norden Schwabens die Region um die Städte Burgau, Günzburg, Weißenborn bis nach Ehingen, wie auch die Region nördlich des Bodensees mit Tettnang, Altdorf und Waldsee zu Vorderösterreich; das südliche Allgäu unterhalb von Wangen und Isny gehört zu Vorarlberg. Daher treffen wir in einigen (alten) Wappen unserer hier vorgestellten Wirtshäuser und Brauereien manchmal auch noch den österreichischen Doppeladler an.
In den Jahren 1802 und 1803 wird – infolge der Napoleonischen Kriege – mit dem ganzen deutschen Reichsgebiet auch die Region Schwaben neu geordnet: Eine große Konferenz der Reichs- und Kurfürsten, genannt „Reichsdeputation", wird einberufen. Diese beschließt eine Neuordnung vieler kleinerer Regionen und insbesondere die Auflösung der kirchlichen Fürstentümer und die Verstaatlichung des Kirchenbesitzes. Der Abschlussbericht, der „Reichsdeputationshauptschluss", regelt auch die Auflösung der schwäbischen Klöster (u. a. Hochstift Augsburg und Fürststift Kempten) sowie die Umverteilung von Gebieten Vorderösterreichs.
Schon 1805 tobt der Dritte Koalitionskrieg in Europa (Schlachten u. a. bei Trafalgar, Austerlitz und Ulm) und Österreich wird erneut von Napoleon besiegt – er hat mittlerweile die Kurfürstentümer Bayern und Württemberg als Verbündete gewonnen. Im erzwungenen Frieden von Pressburg (heute Bratislava) wird Vorderösterreich vollständig aufgelöst und Schwaben wird aufgeteilt: Alle Gebiete östlich des Bodensees (mit der Freien Reichsstadt Augsburg) fallen an Bayern, alle schwäbischen Gebiete westlich von Lindau und Bregenz fallen an Württemberg. Bei dieser Aufteilung bleibt es auch nach Napoleon und dem Wiener Kongress 1815. So unterscheiden wir heute die Regionen Bayerisch-Schwaben und Schwaben in Baden-Württemberg.

Der heutige Gasthof im zweistöckigen massiven Satteldachhaus mit einem ausgebauten Dachgeschoss wurde 2013 von Reinhard Doser, einem gelernten Zimmer- und Maurermeister, im historischen Stil renoviert. Das Haus ist heute tatsächlich wie eine Berghütte eingerichtet – mit Erinnerungen an bekannte Pfrontener Bergsteiger und einer stattlichen Sammlung von Rossgeschirren und vor allem Kuhglocken aus aller Welt. Hüttenwirtin Hedwig Doser hat diese Sammlung über Jahrzehnte zusammengetragen und natürlich in ihrer neuen guten Stube aufgehängt: Da gibt es Glocken

vom Allgäu bis nach Nepal. Drei Gaststuben sind teils holzgetäfelt, teils mit biologischen Naturfarben gekalkt – auf ein gesundes und natürliches Raumklima wird hier Wert gelegt. Kein Wunder, denn Reinhard Doser ist einer der ersten Baubiologen Deutschlands und wird in Pfronten nur der „Bio-Bie" genannt. Das Gebäude scheint aus zwei Teilen zu bestehen; zwei Eingangstüren liegen direkt nebeneinander. Das stammt aus der Zeit, als hier noch die Zollstation nach Österreich existierte: Der vordere Hausteil war der Gasthof, der hintere der Wohn- und Arbeitsplatz der Grenzer. Noch heute wohnt in einem benachbarten Häuschen die Witwe des letzten Grenzbeamten vom Achtal. Auch wenn es hier gar keine Mühle mehr gibt, so heißt der Gasthof im Tal doch weiterhin „Fallmühle" vom Wasserfall, der einst die Mühle betrieb und heute noch Strom für das Tal und für Pfronten erzeugt. Für die Einheimischen ist die Mühle kurz „der Fahl", die Betreiber sind die „Fahlar" – mit gerolltem „r", bitteschön!

Das kulinarische Angebot der Fallmühle verfährt nach dem Motto „Altbewährtes gut gekocht". Das ist der Wahlspruch der Mühlenwirtin und ihrer Tochter Sophie, der Küchenchefin. Neben Allgäuer Küche mit Zwiebelrostbraten und Käsespätzle gibt es saisonale Wildgerichte und Saibling aus eigener Zucht. Zweimal im Jahr wird ein besonderes Sechs-Gänge-Menü angeboten, für das allerdings die Pfrontener Nachbarn schon Schlange stehen – die kommen übrigens gerne und sitzen zwischen den Wanderern, die sich hier vor oder nach dem Weg in die Berge stärken.

Zwei Eingangstüren zeugen von der früher getrennten Nutzung des Hauses: links die Grenzerstube, rechts der Gasthof

Gasthof Fallmühle

Achtalstraße 62
87459 Pfronten

Telefon: 08363 / 481

www.fallmuehle.de

Öffnungszeiten:
täglich 11:30–22:00 Uhr
Ruhetage:
Mittwoch, Donnerstag

Gasthof Adler in Pfronten

Die Gemeinde Pfronten liegt an der wichtigsten Straßenverbindung des Allgäus ins österreichische Reutte – vielfach aus den sommerlichen Verkehrsmeldungen bekannt. Schon seit der Römerzeit verlief hier eine wichtige Handelsroute über die Alpen nach Kempten und Memmingen. Seit dem 14. Jahrhundert gehörte der Ort zum Hochstift Augsburg. Auf der Route über die Alpen wurden insbesondere Salz und andere Güter transportiert, wodurch Pfronten zu einer gewissen Bedeutung kam. Die Pfrontener boten den reisenden Händlern ihre Fuhrwerke für deren Waren an und reisten dabei selbst bis nach Oberitalien, oder sie beherbergten ihre Gäste vor oder nach der Alpenüberquerung. So kommen wir zum Gasthof Adler, der wohl ältesten Brauerei und Gastwirtschaft in Pfronten.

Die mittelalterliche Reichsstraße führte an der Kirche des Dorfes Heitler über eine Brücke über die Vils nach Norden. Zwischen Straße und Kirche gab es bereits früh eine Fuhrmannswirtschaft,

Stammtische gehören noch zum festen Kundenstamm im Adler

seit 1519 als Wirt bei St. Lienhart urkundlich erwähnt – der Name Adler taucht erst im 18. Jahrhundert auf. Das heutige Anwesen stammt wohl aus dem Jahr 1573; vorher war die Wirtschaft im Ökonomieteil untergebracht, der 1986 abbrannte. Zahlreiche Wirte und Braumeister hat das Haus im Laufe der Zeit gesehen, darunter auch örtliche Honoratioren, wie von 1634 bis 1662 den Pfrontener Vogt Hans Suitner, der seine Amtsgeschäfte vom Wirtshaus aus führte, oder den Adlerwirt Jacob Reichart (1823–1900), der gleichzeitig Bürgermeister war. Bis 1803 war der Gasthof auch Poststation, und es befand sich wohl durch das gesamte 19. Jahrhundert eine Schulstube beim Adlerwirt.

Zu Beginn der 1920er-Jahre wurden Bräuhaus und Gasthof stark modernisiert und die Brauerei mit einer Kühlanlage ausgestattet. Das Angebot zum Umbau durch das Augsburger Baugeschäft Johann Hosp vom Oktober 1921 ist in der Gaststube ausgehängt. 1923 hat man aber offenbar auch schon Bier zugekauft, denn vom Dezember 1923 ist eine alte Zahlungserinnerung der Brauerei zum Schiff aus Kaufbeuren erhalten. Diese verweist auf die galoppierende Geldentwertung und mahnt die Zahlung von knapp 800 Goldmark (!) für zwei Bierlieferungen an. Welchen Preis musste der Adlerwirt da wohl seinen Gästen für einen Krug Bier berechnen?

Noch mehr Zeitungsmeldungen über bekannte und weniger bekannte Gäste der letzten Jahrhunderte sind in den Gasträumen zu studieren: So war Marie von Preußen, Gemahlin des bayerischen Königs Maximilian II. Joseph, des Öfteren in Pfronten zu Gast: 1848 bestieg sie mit einem Pfrontener Bergführer den Aggstein, 1858 wurde die Pfrontener Jagd an das königliche Leibgehege verpachtet und am 18. August 1861 weilten Ihre Majestät mit ihren Söhnen Ludwig (dem späteren Ludwig II.) und Otto unter „Reicharts Linde" im Biergarten des Gasthofs Adler, wo man noch heute gemütlich sitzen und speisen kann.

Neben dem großen Biergarten vor und hinter dem Haus laden die drei unterschiedlich großen Gaststuben und der angebaute größere Saal ein. In der Schankstube wärmt uns im Winter ein großer Kachelofen, an den Wänden zeigen Bilder die alte österreichische Poststati-

Moderne Technik in der historischen Bierzapfanlage

on. Die in Kupfer gefasste Bier-Zapfanlage der Augustiner-Brauerei aus München erinnert ebenfalls an vergangene Zeiten, auch wenn sich heute modernste Technik darin verbirgt, denn gerade im Sommer muss die Wirtin am Zapfhahn flink sein. Die hinter dem Schankraum gelegene Bauernstube, vom selben Kachelofen beheizt, ist raumhoch holzvertäfelt, mit bäuerlichen Gemälden in einigen Holztafeln und einem Holzboden in Fischgrätmuster. Auch die hölzerne Decke zeigt Spuren der Hausgeschichte: Hier hat ein Feuer vor vielen Jahren einmal die Lasur zum Schmelzen gebracht, sodass sie mit vielen kleinen Tropfen wie nass aussieht. Im angebauten größeren Saal haben die Wirtsleute zahllose Andenken in Form von alten Briefen, Postkarten und Zeitungsausschnitten erhalten – der Gast kann sich hier durch die Geschichte des Hauses lesen.

Kulinarisch setzt das Wirtsehepaar Bernd und Manuela Wolf auf eine umfangreiche Speisekarte mit traditionellen Fisch- und Fleischgerichten, Brotzeit-Schmankerln, Salaten in vielen Variationen und Apfelstrudel. Dabei gibt es jeweils besondere Adler-Spezialitäten, wie den Kaiserschmarrn „Adler-Leckerei", den Adler-Riesenknödel oder das Wildschütz-Schnitzel mit 400 g – „wenn der Magen knurrt". Hungrig verlässt niemand den Gasthof, denn alle Portionen sind mehr als ausreichend groß. Darauf legt auch Gastwirtin Manuela Wolf Wert: „Unsere Haxen sind bestimmt die größten in ganz Pfronten und Umgebung", lässt sie sich zitieren. So setzt der Traditionsgasthof seine bald 500-jährige Geschichte von der Fuhrmannswirtschaft zur Einkehr für moderne hungrige Reisende fort. Wohl bekomm's!

Gasthof Adler

Tirolerstraße 7
87459 Pfronten

Telefon: 08363 / 927337

www.adlerpfronten.de

Öffnungszeiten:
täglich 10:00–23:00 Uhr

Gasthof Oberer Wirt in Pfronten

Die Stadt Pfronten im Allgäu liegt am Fuße des Thannheimer Gebirges am Fluss Vils, der nur ein paar Kilometer weiter in den Lech mündet und mit diesem weiter in den Forggensee. Der Ort ist früh über seinen Kern an der Vilsbrücke hinaus und die Hänge hinauf gewachsen, und so gibt es neben einer unteren und einer oberen Kirche auch ein Wirtshaus unten am Fluss (den Gasthof Adler, unsere Nr. 49 im Buch) und eines weiter oben. Dieses hieß über viele Generationen ganz offiziell Gasthof Hirsch, wurde aber von den Pfrontenern immer nur der „obere Wirt" genannt. Als es in Zeiten des zunehmenden Touristenstroms immer wieder zu Missverständnissen zwischen Einheimischen und Gästen kam, welches Wirtshaus denn nun gemeint sei, beschlossen die heutigen Inhaber 1988, den Traditionsgasthof Hirsch in den Oberen Wirt umzutaufen, auf dass die Konfusion ein Ende habe. Auch so kommen manchmal Namen zustande!

Zunächst zur Geschichte: Das Anwesen ist wohl seit dem 16. Jahrhundert in Familienbesitz, und mindestens seit der Mitte des 19. Jahrhunderts hat es die heutige Form eines massiven Bauernhauses mit Satteldach. Die äußere Erscheinung wurde mehrfach verändert: 1841–97 war es außen verputzt, dann bis in die 1960er-Jahre stirnseitig mit Holzboh-

Hinter dem prachtvollen Ausleger erhebt sich der Turm der Pfarrkirche St. Nikolaus in Pfronten

len verkleidet und mit einem Eingangspavillon versehen. Danach wurde es erneut verputzt und seit der letzten großen Renovierung 1988 wieder mit Holzbohlen im Dachgeschoss, einer neuen großen Dachgaube und an der Längsseite mit einem durchlaufenden Balkon versehen. Der ehemalige Eingangspavillon, in den 1970er-Jahren in Metall ausgeführt, verschwand dabei. Die Gaststätte ist seit mehreren Generationen in Familienbesitz – die Speisekarte listet Namen und alte Hausansichten auf: Es waren oftmals die Töchter, welche das Wirtshaus erbten, und so kommen immer wieder neue Männer und neue Namen ins Spiel. Die heutige Wirtin Petra Ultsch führt die Gaststätte ihres verstorbenen Mannes fort, der das Haus von seiner Großmutter mütterlicherseits, Victoria Schallhammer (in der Wirtsstube auf Bildern vielfach anzutreffen), erbte, die wiederum die Tochter des früheren Wirtes Klemens Hasslach war, der um die Jahrhundertwende die Familientradition begonnen hatte. Heute präsentiert sich der Gasthof Oberer Wirt mit zwei im historischen Stil eingerichteten Gaststuben, einem sonnigen Biergarten und zehn Gastzimmern.

Als Rainer Ultsch 1988, einige Jahre nachdem er den Gasthof von seiner Großmutter übernommen hatte, das historische Gebäude den modernen Gegebenheiten anpasste und das Dachgeschoss mit weiteren Gastzimmern ausbaute, fanden sich hier große Vorräte von alten Holzbalken und -brettern, die für die Ausstattung der Gaststuben verwendet werden konnten. So erzählt es Wirtin Petra Ultsch – nicht ohne Stolz, dass man für die neu zu dekorierenden Gasträume auf eigenes historisches Holz zurückgreifen konnte, das schon lange zum Haus gehörte. So sind die zwei Gasträume bis auf Türstockhöhe holzvertäfelt, die Decke in der Schankstube ist weiß, um den Raum nicht zu dunkel zu gestalten, während die kleinere Gaststube mit dem großen Kamin auch holzgedeckt ist. Mehrere gemütliche Tischinseln laden dazu ein, in kleiner Runde gut zu essen, zu schwätzen und zu feiern. Der Schankraum bietet auch größeren Gruppen Platz, und im Biergarten, der auch schon auf allen alten Abbildungen zu sehen ist, gibt es ebenfalls genügend Sitzplätze.

Die Gäste des Oberen Wirtes sind weitgehend Stammgäste aus dem Ort sowie einige Vereine und die Harmoniemusik; aber auch Feriengäste kommen gerne und regelmäßig wieder. So berichtet die Wirtin von einem belgischen Bildhauer, der nicht nur ein Portrait der früheren Gastwirtin Schallhammer in Holz geschnitzt hat, sondern auch über 40 Jahre regelmäßig nach Pfronten in den früheren Hirschen kam und dessen Enkelgeneration noch heute hier Urlaub macht. Diese freut sich auf die authentischen schwäbischen Gerichte mit Haxen, Krustenbraten und natürlich Kasspatzen, dazu eine große Bierauswahl von Münchner und Kaufbeurer Brauereien.

Der Obere Wirt steht nicht an der heute vielbefahrenen Hauptstraße; er muss auf dem Weg zur Pfarrkirche St. Nikolaus über die „Kirchstiege" gezielt angesteuert werden – einfach am 61 Meter hohen barocken Kirchturm orientieren!

Viel Holz und gemütliche Sitzinseln im Oberen Wirt

Gasthof Oberer Wirt

Kirchsteige 10
87459 Pfronten

Telefon: 08363 / 451

www.obererwirt.de

Öffnungszeiten:
Dienstag–Donnerstag
17:00–23:00 Uhr
Freitag–Sonntag
ab 10:00 Uhr
Ruhetag: Montag

Autorenteam

Frank Ebel, geboren 1962. Musik- und Kunsthistoriker, Autor und Lektor beim Dr. Peter Morsbach Verlag.
Wirtshaustexte: 6, 22, 26, 40, 43, 44, 45, 46, 48, 49, 50
Informationsblock: Wallfahrtskirche Maria Brünnlein (S. 27), Sebastian Kneipp (S. 114), Postwesen und Poststationen (S. 165), Schwaben wird bayerisch (S. 181)

Franziska Gürtler, geboren 1989. Studium der Germanistik, Geschichte und Vergleichenden Kulturwissenschaft in Regensburg. 2012 Bachelorabschluss, seit 2013 Masterstudium Germanistik.
Wirtshaustexte: 2, 3, 5, 8, 9, 11, 15, 17, 18, 21, 27
Informationsblock: Die Fugger (S. 64)

Prof. Dr. Peter Morsbach, geboren 1956, wissenschaftlicher Angestellter am Bayerischen Landesamt für Denkmalpflege, Dienststelle Regensburg. Denkmalerfassung und Denkmalforschung. Honorarprofessor für Denkmalpflege, Denkmalkunde, Kunst- und Architekturgeschichte an der OTH Regensburg, Fakultät Architektur.
Wirtshaustexte: 1, 4, 7, 10, 25, 28, 29, 30, 31, 32, 33, 47
Informationsblock: Geopark Ries Kulinarisch (S. 21)

Sonja Schmid, geboren 1989. Studium der deutschen Philologie und Kunstgeschichte in Regensburg.
Wirtshaustexte: 12, 13, 14, 16, 19, 20

Bastian Schmidt, geboren 1980. Diplom-Geograph, freier Journalist in Regensburg.
Wirtshaustexte: 23, 24, 34, 35, 36, 37, 38, 39, 41, 42

Unterwegs im Dienste der Wirtshauskultur: Gerald Richter, Franziska Gürtler, Bastian Schmidt und Sonja Schmid

Fotografiert haben:

Gerald Richter, geboren 1965. Diplom-Kaufmann, Fotograf und Mediengestalter, Geschäftsführer des Dr. Peter Morsbach Verlags.

Alle Bilder stammen von Gerald Richter mit Ausnahme von folgenden:

Brauerei-Gasthof-Hotel Laupheimer in Westerheim-Günz: Dominik Maier S. 94, Archiv Brauerei-Gasthof-Hotel Laupheimer S. 97
Galerie und Weinstube zur Fischerin in Lindau, Archiv: S. 150, 151
Hotel-Gasthof Adler in Lindau-Oberreitnau, Archiv: S. 143
Hotel Restaurant Kannenkeller in Lauingen, Archiv: S. 44, 45, 46
HP Zierer: S. 190
Landgasthof Rössle „Beim Kräuterwirt“ in Stiefenhofen, Archiv: S. 168 oben, 168 unten
Restaurant Altstaufner Einkehr in Oberstaufen, Archiv: S. 171
Schwarzbräu Bräustüberl in Zusmarshausen, Archiv: S. 54, 55, 56, 57

Wir haben uns bemüht, alle Copyright-Inhaber ausfindig zu machen. Sollte dies in Einzelfällen nicht gelungen sein, bitten wir, dies zu entschuldigen und um Nachricht an den Verlag.

Murrhardt
Gaildorf
Ellwangen (Jagst)
Weißenburg i. Bay.
Backnang
Oettingen i. Bay.
1
Maihingen
2
Bopfingen
Wemding
6
Aalen
Nördlingen
Monheim
Schorndorf
3–5
GART
Schwäbisch Gmünd
Harburg
Kaisheim
7
8
9
Marxheim
Göppingen
Donauwörth
Rain
Donzdorf
Heidenheim a.d. Brenz
Nürtingen
Geislingen
Höchstädt a.d. Donau
Lauingen (Donau)
11
Dillingen a.d. D.
10
Wertingen
Gundelfingen a.d. Donau
Bad Urach
Langenau
ullingen
Günzburg
Aicha
Blaubeuren
Leipheim
12
15
Münsingen
ULM
Neu-Ulm
Gersthofen
AUGSBURG
Zusmarshausen
13–14
16–18
Ichenhausen
Friedberg
Ehingen (Donau)
Senden
Weißenhorn
Thannhausen
22
Bobingen
Königsbrunn
Vöhringen
Roggenburg
Mering
19
Illertissen
Krumbach (Schwaben)
Großaitingen
24
Buch
Laupheim
21
20
Kirchheim i. Schw.
23
Schwabmünchen
Biberach a.d. Riß
Saulgau
Mindelheim
Buchloe
Landsberg a. Lech
25
Westerheim
Bad Wörishofen
Memmingen
29
ullendorf
Bad Waldsee
26–27
Markt Rettenbach
Ottobeuren
28
Irsee
30
Bad Wurzach
Kaufbeuren
31
Weingarten
Ravensburg
Leutkirch im Allgäu
Schongau
Marktoberdorf
32–33
Peißenbe
Markdorf
Wangen im Allgäu
Isny im Allgäu
Kempten
34
Tettnang
riedrichshafen
Bodensee
Roßhaupten
Lindenberg i. Allgäu
41–42
Stiefenhofen
45
47
Forggensee
Nonnenhorn
Weiler-Simmerberg
Immenstadt i. Allgäu
48–50
35–37
Lindau
43–44
Oberstaufen
Pfronten
Füssen
38–40
46
Arbon
Bregenz
Sonthofen
Garmi Parten
orschach
Gallen
Dornbirn
Oberstdorf
Hohenems
Feldkirch